U0604688

向在我生命成长中给过我启迪、能量和帮助的每一个人致谢！

一所大山脚下的幼儿园

喻兴艳 著

江苏大学出版社
JIANGSU UNIVERSITY PRESS
镇 江

图书在版编目（CIP）数据

一所大山脚下的幼儿园 / 喻兴艳著. — 镇江：江
苏大学出版社，2023.8
ISBN 978-7-5684-1924-6

Ⅰ. ①一… Ⅱ. ①喻… Ⅲ. ①幼儿园－办学经验－句
容 Ⅳ. ①G619.285.34

中国版本图书馆 CIP 数据核字（2022）第 248578 号

一所大山脚下的幼儿园

Yi Suo Dashan Jiao Xia de You'eryuan

著　　者	喻兴艳
责任编辑	柳　艳
出版发行	江苏大学出版社
地　　址	江苏省镇江市京口区学府路 301 号（邮编：212013）
电　　话	0511-84446464（传真）
网　　址	http：//press.ujs.edu.cn
排　　版	镇江市江东印刷有限责任公司
印　　刷	江苏凤凰数码印务有限公司
开　　本	710 mm×1 000 mm　1/16
印　　张	14.25
字　　数	240 千字
版　　次	2023 年 8 月第 1 版
印　　次	2023 年 8 月第 1 次印刷
书　　号	ISBN 978-7-5684-1924-6
定　　价	60.00 元

如有印装质量问题请与本社营销部联系（电话：0511-84440882）

幼儿园原址

幼儿园异地新建工程开工仪式（2013 年 1 月）

新园建成交付（2014 年 8 月）

美丽整洁的新园建成交付（2014 年 8 月）

2016 年教师节前夕，江苏省省长石泰峰（前排左三）来园慰问

江苏省教育厅副厅长朱卫国（右二）来园视察（2017 年 9 月 22 日）

江苏省教育厅副厅长苏春海（左一）、江苏省教育评估院院长陆岳新（右一）
来园慰问（2016 年 3 月 11 日）

江苏省教育厅副厅长祭彦加（左二）来园视察（2017 年 7 月 11 日）

南京师范大学虞永平教授（左一）来园指导

南京师范大学原晋霞、王丽教授来园指导

南京师范大学张俊教授（左一）来园指导

江苏省教育科学研究院何锋博士（右二）来园指导

镇江市原教研室主任夏薇（前排右三）来园指导

2015 年幼儿园全体教职工合影

2016 年幼儿园全体教职工合影

2017 年幼儿园全体教职工合影

2018 年幼儿园全体教职工合影

2019 年幼儿园全体教职工合影

2020 年幼儿园全体教职工合影

2021 年幼儿园全体教职工合影

2022 年幼儿园全体教职工合影

第一任园长张和珍
（任职时间：1979—1992年）

第二任园长许庭秀
（任职时间：1992—1996年）

第三任园长袁宏凤
（任职时间：1996—1998年）

第四任园长喻莲
（任职时间：1998—2006年）

第五任园长孙建霞
（任职时间：2006—2009年）

第六任园长喻兴艳
（任职时间：2009年至今）

自序

为梦想而努力

今年是我人生的第 42 年，是我工作的第 24 年。我生于袁巷，长于袁巷，1999 年至今，工作于袁巷。我的人生简历和工作简历都只围绕着两个字，那就是"袁巷"。袁巷是一个小地方，但是，在这样一个小地方，也可以有大大的梦想：从走上讲台的第一天起，我只有一个朴素的愿望，就是做一名好教师。从担任园长的第一天起，我也只有一个朴素的愿望，就是办好我们的幼儿园，让乡村的孩子也能享受到优质的学前教育。因为我深深地爱着袁巷这片土地！

2007 年，袁巷中心幼儿园（简称"袁幼"）创建成为句容市首家江苏省优质幼儿园。2013 年，在句容市委、市政府、市教育局和天王镇政府的关心下，幼儿园异地新建。2014 年，全市幼儿园独立建制，非公办幼儿教师实行人事代理，袁幼人抢抓机遇，成功申报江苏省第一批课程游戏化项目和镇江市第二批《3～6 岁儿童学习与发展指南》（以下简称《指南》）实验项目，幼儿园内涵发展迈出可喜的一步。2016 年教师节期间，时任江苏省省长（现中央政治局委员、中央统战部部长）石泰峰来园慰问教师。近十年来，幼儿园接待了省教育厅、省教育评估院、《中国教育报》、江苏电视台、联合国儿童基金会，以及山东、河南等省教育同仁和专家领导的参观考察。

24 年来，幼儿园在发展，老师们和孩子们在成长，我也在成长。我从一个年轻的教师，成长为句容市名校长、镇江市学科带头人、感动江苏教育人物，荣获了国际安徒生教师奖。成长的过程中，我品尝过成功的喜悦，感受过紧张和焦虑，也体会过无助和迷茫。24 年来，我们一直在努力！不仅仅是努力，更是拼尽全力！你若问我，袁幼发展和我个人成长最大的秘密是什么？我能想到最好的答案就是三个字：人心齐！只要我们袁幼人永远像石榴籽一样紧紧地团结在一起，便没有克服不了的困难，就没有解决不了的难题！

目前，幼儿园又面临新问题，近几年生育率下降，乡村幼儿园规模逐年缩小，我园在园人数从 300 人急剧缩减到 90 余人。这给幼儿园的生存和发展带来新的挑战。越是艰难处，越是修心时。如何坚守定力，破解乡村小微幼儿园发展难题，化危机为转机，是我们幼儿园当下迫切要解决的问题，也是必须要解决的问题。

陶行知先生说："人生天地间，各自有禀赋。为一大事来，做一大事去。"作为一名教育工作者，我能用人生之所学为家乡贡献一份力量，是人生之荣幸。办好我们的幼儿园，不正是我这一生要做的"大事"吗？

最后，向在我生命成长中给过我启迪、能量和帮助的每一个人致谢！

喻兴艳

2023 年 8 月

目 录

第二部分　倾听拔节的声音

第三部分　看见的力量

第四部分　我的日记

后记

第一部分
有这样一所幼儿园

我和我们袁幼人共同坚守的教育梦：办最本真的乡村学前教育！

园长的"绣花"功夫
——江苏省句容市袁巷中心幼儿园园长喻兴艳纪事

唐守伦

句容有座瓦屋山,人称"江南小九寨沟"。山脚下的句容市袁巷中心幼儿园悄然成为"小九寨沟"里的一道新风景,吸引了各地的幼教专家和同行前来学习考察。

一所远离城区、位置偏僻的农村幼儿园,为何能成为小有名气的"明星园"呢?园长喻兴艳不仅是一位高明的"设计师",而且是一位不畏艰苦、勇于挑战的"追梦者",执着地为每一个孩子的幸福人生奠基。

带娃如绣花,全靠细功夫

到过袁巷中心幼儿园的人们,都不会忘记园里独具特色的幼儿笑脸墙:一张张纯朴可爱的笑脸照片,镶嵌在一只只竹圈中,让人看了感到格外温馨和谐。

"每天到园后,孩子第一眼看到墙上自己的笑脸,就会感觉幼儿园也是自己的家,袁幼就是他们组成的。"谈起设计笑脸墙的初衷,喻兴艳娓娓道来。

"带娃如绣花,全靠细功夫。"喻兴艳不时地提醒自己,要把工作做细做实。全园246个孩子,她都能一口叫出他们的名字;孩子喜欢吃什么,喜欢玩什么,她都了如指掌……家长们称赞说:"她爱幼儿园的每一个孩子,就像爱自己的孩子一样。"

2016年3月26日,喻兴艳刚打开微信朋友圈,一段寻找失踪儿童的视频让她紧张起来。视频里的妇女跪在地上,发疯似的抓地、拍胸……她一眼就觉得视频中的妇女像是中二班小朋友鑫鑫的外婆。

经过确认,得知鑫鑫和外婆在樱花园走散了,喻兴艳心急如焚。片刻间,她就冷静下来,联络家长,拨打110求助;通知鑫鑫的两位老师,让她们立刻赶到樱花园一起帮助寻找孩子。由于游客太多,去樱花园的路在1千米以外就已堵车严重，她和两位老师只能把车停在路边，拼尽全力向樱花园跑过去。在多方努力下，鑫鑫终于被找到了。当她在派出所见到孩子时，两条腿累得一步也迈不动了……

润物细无声，实施德育熏陶

立德树人，德育为先。喻兴艳认为，即便孩子年龄小，也要让他们在潜移默化中接受德育熏陶。

喻兴艳发现孩子们对家乡知之甚少，就把对家乡的认知作为德育的一个内容。她利用春游、秋游，带领孩子领略袁巷的山山水水。孩子们惊喜地发现："我们的家乡真美啊！"她又和孩子们一起动手，利用废旧纸板进行绘画、裁剪、装饰，绘制出别具一格的"家乡风情展板"，10张展板10个风景，浓缩了孩子们心中最美的家乡。

有一次，一个孩子问喻兴艳："赵爷爷每天做什么，这么辛苦，他为我们做了什么？"孩子嘴里的赵爷爷，就是被授予全国敬业奉献模范称号的赵亚夫，他把带领百姓致富作为毕生追求，扎根农村，创立了"戴庄模式"。孩子们一连串的问题给了喻兴艳灵感：赵亚夫深受百姓爱戴，这不正是幼儿园最好的德育内容吗？"在园内开辟一处'亚夫果园'，让孩子们追随赵爷爷的脚步！"说干就干，喻兴艳带领大家在教学楼后的一块空地开辟了"亚夫果园"，找来了赵亚夫在试验田里研制的多种果树品种，种上了油桃、猕猴桃等果树。

孩子们每天在果园里学着赵爷爷的样子，观察果树的生长和变化，感受种植果树的艰辛，品尝果实收获时的喜悦。赵亚夫听闻此事，欣然为幼儿园题字："袁幼人，有德人！"

从细处入手，办本真乡村教育

2014年8月，袁巷中心幼儿园搬进了崭新的教学楼，迎来了新的发展机遇。喻兴艳参加江苏省召开的首次课程游戏化培训会后，按捺不住内心的激动，确立了"竹文化游戏课程建设"的新思路。

这年11月，袁幼以"竹文化游戏课程建设"为主题成功申报了江苏省第一批课程游戏化建设项目园，这让她办最本真的乡村学前教育的梦想更加坚定。依托当地资源开展游戏化课程研究，她带领团队在园内精心开辟

"香樟园""百花园""百果园""小竹园"等6个园子,让幼儿园的一草一木都变成鲜活的课程;开发了一系列与竹有关的游戏活动,汲取竹子的精神,培养幼儿"正直、有节、虚心、向上"的品质。

有一次,孩子们在"神奇的乌饭"的制作过程中,对大米为什么会变颜色产生了兴趣。制作乌饭是当地的一个习俗,用乌树叶和大米一起浸泡,大米煮成米饭后即呈深紫色,故称乌饭。但乌树在瓦屋山里才能找到,于是她带着两名老师进山寻树。从早上一直找到傍晚,她们才找到两棵外形较小的乌树,然后又迷路了。经过几番折腾,她们才将乌树带回栽到园里。孩子们此后有了近距离观察乌树的机会。正是凭着"瓦屋探险"的勇敢和执着,她使园里的课程游戏化更加贴近幼儿实际发展水平。不少专家不约而同地说:"最乡村的幼儿园激发出最本真的学前教育。"

春华秋实,桃李芬芳。10多年来,被孩子们称为"漂亮老师"的喻兴艳交出了一份份"漂亮答卷"。2016年,她获得江苏省"2016最美幼儿教师"提名奖;2017年,她又先后赢得了"句容市名校长""镇江市骨干教师"等荣誉称号,袁幼的幼教风景更加亮丽。

以下是采访对话:

记者: 参加工作17年来,您从一名普通的幼儿教师逐渐成长为一名优秀的幼儿园园长,专业成长之路走得稳健而扎实,您觉得在这一过程中可以总结出哪些经验,供年轻教师们学习和借鉴?

喻兴艳: 首先,要干一行爱一行。常言说,热爱是最好的老师。刚刚毕业时我被分配到小学,一干就是7年。我学的是学前教育专业,那7年,不仅胜任了小学教学任务,还被评为全市数学骨干。当幼儿园面临争创压力、极度缺少幼儿教师时,领导找我谈话,问我是否愿意回到幼儿园。我辗转反侧:一边是我摸索了7年的数学教学才刚刚积累了些经验,另一边是已经荒废了7年的专业能否从头捡起再来。如果回幼儿园,7年的差距怎么弥补?一连串的问题摆在面前,最后我毅然选择了回来,只因为我要圆儿时最初的梦想!

其次,要勇于面对困难,不断地挑战、超越自己。说句实在话,在工作中,我也曾面临许多困难和挫折的考验。面对别人质疑的眼光,面对一个个意想不到的新难题,我毫不气馁,克服一个个困难,战胜一个个挑战,如同鹰的重生，不断超越自我，让自己获得了第二次生命，赢得了更多人的赞许！

最后，工作要有高标准，不能得过且过。心中有标准，脚下才有动力。虽然袁幼只是一所乡村幼儿园，条件相对有限，也要办出特色、办出成效，不仅硬件设施的配套齐全，教育、管理工作也要争创一流，从而让农村孩子享受优质的学前教育。

记者： 听说您能叫出幼儿园里每一个孩子的名字，对每一个孩子的情况都了如指掌。您是如何在繁忙的工作中做到这一点的？

喻兴艳： 这些年来，我为了加深与孩子的感情，增进对孩子的了解，每天早晨孩子入园时，我都会准时出现在门口热情地迎接每一个孩子，这是开启孩子在幼儿园美好一天的最好方式。放学也同样如此，把每一个孩子送到家长手里，家长露出了满意的微笑，这才意味着一天工作的结束。每个孩子从我身边经过的时候，我都习惯性地摸摸孩子的额头，送上一句暖暖的问候，或是一个甜甜的微笑。同时，我每天都会抽出时间和孩子在一起，看他们游戏、陪他们玩耍，拍下孩子们的精彩镜头，手机相册满满的都是孩子们的照片。空闲时，翻看孩子们的照片成为我最大的享受，不经意间，我就记住了每个孩子的名字。如果发现有少数叫不出名字的孩子，我一定会寻找机会主动接近他们，了解他们的个性特点，这样就能很快记住所有孩子的名字。

记者： 您在工作中经常有许多奇思妙想，在您的精心设计下，袁巷中心幼儿园已经成为"江南小九寨沟"里的新风景，您为何能迸发出这么多灵感？

喻兴艳： 幼儿园建设不是一蹴而就的，环境是教育的重要组成部分。每次外出参观学习，或是假期旅游，或是去一家有特色的餐馆吃饭，我总是会留心观察，看到一些设计巧妙之处都会想——幼儿园能不能用得上？怎样用效果更好？思考之后，也总能恰到好处地把很多"金点子"用到幼儿园里。有时，一些外省市的幼儿园老师来园里参观，我会抓住机会，请他们介绍各自园里的建设情况，做到相互学习，相互促进。我还把学到的学前教育前沿理论与园里建设实际相结合，形成了独特的竹文化游戏课程环境，既能就地取材节省经费，又符合乡村园的建设实际。总之，幼儿园的每一个角落我都想过无数种布置方案，我总是要反复论证、不断完善，直到找到最佳方案才会满意。

　　（2017年9月24日刊登于《中国教育报》，作者为镇江市教育机关党委专职副书记）

与孩子们一起阅读的快乐时光

如何提升幼儿园教师的幸福感

喻兴艳

学前教育作为教育的启蒙阶段，承载着保育和教育的双重责任。幼儿园教师的工作是劳心又劳力的，他们既要在确保幼儿在园安全的前提下组织好一日活动，还要在观察幼儿的基础上创造性地开展课程，进行反思、评价和研究。幼儿园常规工作之外的检查、评比、创建、考核等也都需要教师参与。面对繁杂的事务，加班成了幼儿教师的常态。我们发现，当加班成为常态后，明明工作时间内可以完成的工作，教师也会留到加班来做，造成恶性循环、工作效率低下。幼儿园频繁加班，只会让教师身心疲惫、心生厌恶。久而久之，就失去了对幼儿园的信任和对幼教事业的热爱。

我园在深入调查、访谈、座谈的基础上形成了独特的管理文化，将"幼儿园不加班"作为管理底线，给予教师掌控工作节奏的安全感和对园所文化的认同感，以及提升教师工作的幸福感。如何做到不让教师加班？我园在管理过程中做了一些探索。

90％的儿童参与+10％的成人参与，环境不用提前做

陈鹤琴提出："用儿童的双手和思想布置的环境，会使他们更加深刻地理解环境中的事物，也会使他们更加爱护环境。"环境作为幼儿学习的场所，应当让他们主动参与其中。关于环境，我们提出"90％的儿童参与+10％的成人参与"。这里的90％和10％不是严格意义上的比例划分，而是为了突出幼儿才是环境的主人。幼儿园环境应当呈现幼儿的作品、游戏材料和学习轨迹，幼儿有权参与环境的设计和呈现方式。教师要做的是统整、补充、完善和优化。

开学初，为了给新学期的活动开展留下空间，我园的墙面会呈现"留白"状态，只保留少数新学期需要延续开展的活动，大部分墙面是在课程开展过程中逐渐充实起来的。所以，教师不需要提前到幼儿园布置环境。

以区域规则的呈现为例，以前教师会从班级常规的要求出发，自己提前设计一些图文并茂的游戏规则先贴出来。这些游戏规则看似儿童化，实际上幼儿根本看不懂，也不感兴趣。这样的环境存在于幼儿园是毫无意义的，反而白白浪费了教师的时间和精力。例如在中班的建构区，壮壮的作品总是被人碰倒，教师发现了这个问题，便拍下照片和全班幼儿一起讨论："为什么壮壮的作品总是被碰倒呢？是别人不小心碰倒的，还是故意被人推倒的？"细心的幼儿发现：壮壮的作品搭在离积木柜很近的地方，其他幼儿取积木的时候一不小心就会碰倒。教师又追问：怎样才能解决问题呢？幼儿提出"壮壮不能在靠近积木柜的地方搭作品""我们可以在积木柜旁贴一条线，线以内是拿积木的时候走路的，不允许在线里面搭积木"。教师请幼儿把这些好办法记录下来贴在建构区墙面，新的游戏规则自然而然产生了，完全不需要花费教师额外的工作时间。

只有让幼儿真正参与到规则的讨论和制定中来，才会产生对幼儿有约束力又能让幼儿认同且自觉遵守的游戏规则。

为方便幼儿操作，我园墙体大多是软木塞板，室内外玩具柜高度适配幼儿身高，幼儿很容易将自己的作品设计并呈现到环境中去。幼儿园给每个班配备了彩色打印机，教师可以非常方便地利用碎片化时间将幼儿活动照片等资料打印出来，这大大节省了教师的时间，也为环境创设提供了便利。

"减十加一"，用有限的工作时间陪伴幼儿提升专业

首先，最大化减少教师无效和低效的劳动。教师在园工作时间是有限的，只能用有限的工作时间做更有意义的工作，如观察幼儿、陪伴幼儿，通过读书、交流、教研等方式不断提升专业能力，更有效地开展课程，促进幼儿有效地学习和发展。幼儿园要从园级层面减少过多无效的考核、检查、评比和资料填写等工作。

例如，我们将教师日常填写的出勤记录、晨谈记录、电教设备记录、安全工作记录、家园联系记录等内容整合在周活动方案记录一张大表格上，通过精简和整合减轻教师填写资料的压力。

其次，倾听教师的心声。我园办园理念是"倾听拔节的声音"，这里的"倾听"既包括教师倾听幼儿，也包括园领导倾听教师。在幼儿园，到底哪

些工作不该占用教师的时间，教师比园领导更有切身的体会。2019年4月，我园全体教师通过大讨论的方式共同制定了"减十加一"行动。

减十是指：减少无效和低效的公共区环境布置和过度装饰性环境；减少无效和低效的墙面布置；减少各种表格的重复填写；减少各种会议；减掉区域中低效环境，如区域规则、区域名称等；减少对幼儿园的过度宣传；减少"袁幼故事会"频次；减少青年教师公开课频次；减少"山林课程"出访其他班级协助人数；减少同一天教师外出学习人数，确保一日保教质量。

"加一"是指增加观察幼儿，定期交流研讨。江苏省课程游戏化项目提出的幼儿园课程改革的第一步支架是，观察1名幼儿，每天观察3次，每次3分钟，用白描的方式观察记录幼儿。第二步支架是，共读幼儿心理学或者观察评价等方面的经典书籍，鼓励教师随时随地依据著作分析自己观察到的幼儿行为，提升幼儿观察与行为分析能力。我园将支架内容分解到日常工作中去落实，要求教师将观察幼儿作为工作的重中之重，通过观察提升教师专业能力。同时，我们通过请进来、走出去等方式开阔教师眼界，鼓励教师多读书，多总结、多反思，提升教师队伍的整体专业能力。"减十加一"行动深得人心，帮助教师实现了用有限的时间做更有意义的工作。

四个"人人"，最大限度发挥园本教研的力量

幼儿教师工作的主阵地是班级，班级环境创设、空间规划、游戏材料提供、课程方案制定等是每位教师都要完成的常规工作，也是教师精力花费之所在。班级独立完成这些工作，需要班级两位教师的配合和努力。如果以年级组教研或园级教研的方式把共性问题拿出来讨论，便可互相启发、智慧碰撞，达到"1+1>2"的效果。

我园积极探索园本教研新模式，以沉浸式持续性的进班观摩为重点，持续跟踪幼儿学习活动，掌握其学习特征，制定调整教育方案。2017年至今，我们经历了"1.0版定底线，2.0版保质量，3.0版再反思"的过程，初步形成了"看—记—说—化"的教研新路径，形成了"人人做、人人思、人人写、人人说"的教研文化。

看，是指深入现场，用眼睛看、用耳朵听、用心去思考，去发现真实活动中的真问题。记，是用文字记录所见所思所想，实现思维进阶。说，

是把眼睛看到的变成语言表达的过程。化，意味着内化吸收、迁移经验，意味着主动改变，将游戏精神融入课程实践的过程之中，融入幼儿的一日生活中。简而言之，"看—记—说—化"，就是把看见的记下来，把记下的说出来，把说出的再做出来。

"人人做"是指每位教师要在园本教研中积极实践，让教研从幼儿学习现场中来，再回到现场中去，带来幼儿学的改变和教师教的改变。"人人思"是指每位教师在园本教研活动中都要积极思考。"人人写"是指每位教师在园本教研中都要勤动笔，多记录，用文字记录所见所思所想，提升思维的进阶。"人人说"是指每位教师在园本教研中要积极分享、大胆表达，大家在讨论中思维碰撞、经验共享、达成共识。

初期，面对频繁的进班观摩和被观摩、集中研讨，教师极不适应。有教师反映："这样的教研太浪费时间，不如直接把时间省下来完成自己班级的工作。"但我极力坚持："进别人的班级观摩，还要集中研讨，看似浪费时间，实际可以取他人所长补个人所短，汲取他人经验，可谓磨刀不误砍柴工，这正是最省时高效的工作方式。"5年来，我们通过扎实有效的园本教研实现了教师理念的同步提升和教育实践的同步发展。一个个真实生动的教育现场，一次次教研现场的智慧碰撞，教师在保教工作中出现的共性问题和难点问题得到了集中解决。幼儿园及时汇总、梳理教研经验，形成了《幼儿园一日生活常规指引》，最大程度上避免了教师走错路、走弯路，真正实现全园智慧共享、班级优质均衡发展。

草地上的教研活动

　　高质量的学前教育不是靠加班来完成的，当然，不加班不等于不工作，更不等于不学习。我常对年轻教师说："人与人之间的差别就在于你的空余时间做什么。白天时间太短，晚上时间要利用；一周时间太短，周末时间要利用；一学期时间太短，寒暑假时间要利用。""从来学问欺富贵，真文章在孤灯下。"若想成为一名卓越的幼儿教师，必须付出加倍的努力。加倍不等于加班，在于合理安排自己的节奏，心之所向，素履以往。

（2023 年 4 月 16 日发表于《中国教育报》）

孩子们最喜欢的笑脸墙

幼儿园工作深得家长信任

孩子采摘乌树叶制作乌饭

澄清与反思：实地解密"十四年不用加班的幼儿园"

时　松

前段时间，《中国教育报·学前教育周刊》刊登了《幼儿园教师不用加班，怎么做到的?》一文。当前，幼儿园工作人员加班现象很普遍，一线教师叫苦连天，这篇文章的发表自然引发了幼教界的广泛关注。很多人会质疑："这是真的吗?"也会好奇："这么一个名不见经传的幼儿园是如何做到不加班的?"没有调查就没有发言权。笔者亲身走进袁巷中心幼儿园，以客观的视角为大家解密，从而了解到他们的一些做法对缓解当前普遍的加班现象大有裨益。

袁巷中心幼儿园位于江苏省句容市天王镇，远离城市，人口较少，乡镇经济并不繁华。幼儿园的几层楼房在当地建筑中有种鹤立鸡群的感觉。因为人口外流、出生率走低等原因，目前袁幼在园幼儿不足一百人。作为一所乡镇幼儿园，与其他省市同类别幼儿园相比，袁幼在园所硬件设施、户外空间场地、师资配备水平上还算优质，但它毕竟只是一所乡镇中心园，其硬件远远谈不上优越。袁巷中心幼儿园本身并没有特别之处，但袁幼人充分利用本地的乡土资源打造了充满野趣的山林项目化课程，由此引来一些媒体报道，不少学者到园实地参访。

围绕当前业界传说的不加班现象，笔者与袁巷中心幼儿园的喻园长、教师们进行了深入的座谈，也到班级教室内做了实地参访，得出以下结论。

结论一：袁巷中心幼儿园不是绝对不加班，只是很少加班

幼儿园的工作很繁杂，要接受各部门的各项检查和日常管理。袁巷中心幼儿园不是世外桃源，这里的老师们不可能置身事外。每项上级统一布置的工作，老师们都需要认真对待完成，尤其是面对一些工作量比较大的紧急任务时，幼儿园有时也会组织加班。比如，面临重大检查时，她们要加班整理材料。但是袁巷中心幼儿园会把一些检查所需要的材料提前分散安排到平时去做，所以就较少存在"临时抱佛脚"的突击加班现象。所以，

袁巷中心幼儿园的老师们不是一点班都不加，只是加班的频次很低，以致外界误以为她们完全不加班。曾有媒体宣传这所幼儿园"十四年从不加班"，标题用词有些夸大了。关于这一点是需要澄清的。

结论二：教师每天按时下班，并不是下班后一点活不干

袁巷中心幼儿园很少在下班后把老师留下来处理工作，也极少在周末或者节假日、寒暑假让老师来园加班。喻园长讲述了一个故事：曾经有位年轻的老师家里有一个还未断奶的宝宝，每天下班后这位老师渴望尽快回家给宝宝喂奶，可是因为幼儿园经常加班，导致这位年轻的母亲只能按捺着心中的焦虑甚至是怒火，在幼儿园加班做一些无意义的环创。喻园长一向主张"平衡"的管理理念，她认为幼儿教师应该平衡好工作与家庭，除非是有迫不得已必须要当天完成的任务，否则就坚持让教师下班后就回家。有些工作教师也可以在家完成，不一定非要留在幼儿园处理。所以，下班后不加班，主要是指下班后及时回家，不是指下班后一点工作也不做。比如，下班后有幼儿家长与教师沟通，教师都会积极回应。而且喻园长一直主张教师应该勤奋努力提升能力，鼓励大家有效地利用周末、节假日的时间多读书、多学习充电，以促进自身的专业成长

结论三：减少无效的工作，幼儿园确实很少加班

"没有幸福的教师就不可能有快乐的幼儿"，秉持着这一质朴理念，袁巷中心幼儿园在喻园长的带领下，曾经专门针对让教师职业倦怠的加班问题进行过集中讨论，共同研讨出哪些是可以省去的、哪些是可以优化的、哪些是必须完成的工作，由此拉开了"减十加一"的经典改革序幕。其中最为核心的有以下几点：

一是减少过度的环创工作。减去成人化无效的"假"环创，让走廊、教室墙面、区域的环创更加简洁、质朴，不再让教师频繁地为了环创剪剪贴贴。笔者觉得，与一些"琳琅满目"的环创相比，简单实用的环创更加清爽。看到袁巷中心幼儿园的孩子们灿烂的笑脸上洋溢着幸福，您会突然发现过度丰富的墙面环创其教育价值只不过是成人的一厢情愿罢了，对幼儿的影响并没有那么大。

二是减少、整合材料的填写。大多数幼儿园教师擅长做，但是不擅长

写。可是当前普遍存在的问题是幼儿园教师不知从何时起越写越多，以致教师花费了大量的时间精力写了很多内容重复的文字材料。袁巷中心幼儿园创造性地开发了一些具有汇总性的表格，比如周计划表格等，尽量减少教师的笔头文案性工作，便于教师集中精力提高文案材料的含金量。

三是减少对园所的过度宣传。自从微信公众号诞生以来，不少幼儿园教师对其的厌恶与日俱增，其缘由是教师花在公众号宣传上面的时间越来越多。喻园长开玩笑地说："您看您来到我们乡镇幼儿园，正常情况下大家都会发个公众号宣传下，但是我们不发。其实看的人不多，即便看了也不会细致看，然而撰写文稿、精心排版却要耗费我们老师一两天的时间。"对此我是表示赞同的，幼儿园教师一个萝卜一个坑，白天教师要陪伴幼儿，为了一些不必要的宣传而占用晚上教师休息的时间做公众号确实没有必要。对于必要的宣传，则尽量精简。

此外，袁巷中心幼儿园还进行了其他一些方面的减负，不再一一列举。

结论四：园长实施服务型领导，教师幸福感很高

在与喻园长相处的一天中，笔者能够感受到她的管理风格：亲切、真诚、开放、进取、反思、担当、行动。亲切让她走近教师，不摆架子，她与同事像家人一样朝夕相处，她能够经常设身处地替大家考虑问题。真诚让她做事赤诚，不玩心机，她与同事齐聚力量共谋园所发展。开放让她管理民主，不搞"一言堂"，她与同事就事论事、共同决策，比如"十减一加"的提出，就是团队智慧的结晶。进取让她成为专业型园长，她以自身的勤奋与努力带领大家在专业上共同成长。反思让她谦逊平和，不急不躁，她每天记录点滴工作并反思，日积月累，让自己在专业上更加厚实。担当让她赢得教师信赖，不推诿责任，敢于为坚持做合理的改革承担责任。行动让她追求效率，不磨洋工，她以专业判断为基础坚定有效地快速推进认准正确的事情。

当然，金无足赤，人无完人。喻园长也会存在一些缺点，但是整体上她秉持"严于律己、宽以待人"的服务型领导风格。正是如此，大家才得以凝心聚力地心甘情愿地工作。即便偶尔存在一些在园加班的现象，即便偶尔一些工作需要带回家做，大家都能理解，没有怨言。身处袁巷中心幼儿园，在与教师的沟通互动中，我能够感受到教师对幼儿园真挚的情感与

付出，通过教师清澈的眼神、纯真的笑容能够感受到园所的幸福文化。

结论五：少加班、良循环，教师重心放在孩子身上

针对存在的"重资料，轻现场；重活动痕迹，轻实际成效"的弊端，袁巷中心幼儿园扭转了本末倒置的现象，袁巷中心幼儿园给教师减负的同时，努力提高教师平时对幼儿的观察、分析与支持的投入，把教师时间与精力腾出来用在幼儿发展的"刀刃上"。袁巷中心幼儿园主张幼儿才是这里的主体，成人是为幼儿的健康快乐发展服务的，教师应该把时间与精力重点投放在与幼儿的高质量互动上，聚焦在对幼儿的日常观察、分析与支持上，努力优化、提升，为幼儿提供优质的保教服务，提升幼儿家长的满意度。因此，她们很注重课程与游戏的质量提升，关注幼儿与材料、环境、同伴、成人的互动。这些都需要建立在专业的教师对幼儿深入、细致的日常观察、分析与及时的支持上。所以，教师"减十"后腾出的时间用到了幼儿身上，用到了通过频繁进班观摩与集体教研帮助教师专业成长上。加班少并不意味着保教质量低，不代表教师工作投入少，反而因为加班少提升了教师的幸福感，增加了教师的工作热情与投入，促进了教师专业发展，使得幼儿园以良性的循环状态来促进保教质量的提升。

（写于 2023 年 4 月 27 日，作者为南通大学教育科学学院教授）

南通大学时松教授（右三）来访

第一章
瓦屋山下

袁幼味道

文化是什么？文化，即文治教化，是相对于政治、经济而言的人类全部精神活动及其活动产品的总和。在我看来，对一所幼儿园来说，文化不是贴在墙上、喊在嘴上的东西。文化是一种味道，这种味道散布在空气里，看不到、摸不到，但每个孩子和老师都能闻到、感受到。文化，看似无形，却深入骨髓。今天，我想用4张照片、4个关键词来谈谈我们的袁幼文化。

第一个关键词：研究

观察竹子开花

照片描述：竹子开花，你有没有见过？我和孩子们都是第一次见到。

竹子为什么开花？竹子花是什么样的？和其他的花有什么不同？竹子开了花会死吗？怎样才能让竹子不开花？孩子对这个世界充满了好奇，大自然、大社会就是活教材。看到竹子开花，孩子有这么多问题想要去研究，研究就是学习。

一所幼儿园，一个班级，一个老师，一个孩子，都要有个性，要有特色。袁幼的特色是什么？走进袁幼，满眼都是竹子，满园子的竹制户外器械、整条走廊的竹制玩具柜、富有个性的竹子装扮的专用教室。也许有人会说，袁幼的特色是竹子，我想说不是。竹子是袁巷取之不尽、用之不竭的资源，幼儿园多处用竹仅仅是对当地资源的充分利用。与竹子相比，袁幼人的研究精神才是最大的特色。研究精神是每一个教育工作者都要具备的素质。2012年《指南》的颁布，对幼儿教师的专业素养提出了更高的要求。儿童有一百种语言，观察儿童、研究儿童成了袁幼人最重要的基本功。"教师每周一问""周一读书、周三分享、周五研讨""一次活动、一次分享、一次反思""睡前读书半小时""人人做、人人思、人人写、人人说"……研究精神是袁幼保持生命活力的源泉，研究精神不断唤醒袁幼人，将儿童本位的价值观输送到幼儿园的每个角落，促使袁幼人持续提升专业素养，不断拼搏、创新、向前迈进。

第二个关键词：专注

专注的眼神

照片描述：美工区的盼盼，一手抓着毛线，一手转动着树枝，小心地把毛线一圈圈绕上树枝，这个行为持续了近半个小时。从这个女孩的眼里，你看到了什么？我看到了专注。专注，是最重要的学习品质。

工匠精神需要专注，精益求精需要专注，学习更需要专注。袁幼的孩子是专注的，老师也是专注的。每次到班级巡视，看到孩子们专注地绘画、做手工、建构、阅读，我都感动于这样的美好，连走路说话都要轻轻的，唯恐打扰了他们的游戏和学习。有一次检查组来园考核，在反馈中认为我们的孩子没有礼貌，因为检查组的老师来到班级时，孩子们都在玩自己的，很少有孩子和检查组老师打招呼。我想：批评也罢，扣分也罢，孩子能专注于自己的游戏，不受他人干扰，在我看来就是最好的现场。孩子的专注来源于什么？我认为，一定是来源于老师们长期以来专业的陪伴指导。我园教师年龄结构呈现两极分化，除老教师外，年轻教师多为从业 1~3 年的新教师。我认为，幼儿园应当成为年轻教师专业成长的沃土。我们通过请进来、走出去等方式打开教师的眼界，鼓励教师多读书，同时通过持续性沉浸式的园本教研走进班级、走进现场观摩研讨，提升教师队伍整体的专业能力。一大批年轻教师得以迅速成长。当教师能在幼儿园这片土地汲取到营养、实现自我成长时，幼儿园才能吸引他们留下并安心在这里工作。

第三个关键词：合作

花样跳竹竿

照片描述：跳竹竿是一种古老的民间游戏。袁巷盛产竹子，跳竹竿自然也成为我园的一项特色活动，已传承近 20 年。跳竹竿，不仅考验孩子的双眼、双脚乃至全身的动作协调能力，更考验跳竿人和打竿人的配合默契程度。

对一所幼儿园来讲，各部门之间少不了合作。袁幼规模虽小，五脏俱全。在分工时，部门间责任明确，但分工不分家，我们的宗旨都是服务于儿童。本学年，袁幼实行"行政轮流滚动带班制"，每周二、三、四3天，由一名行政教师全天带班，及时发现并帮助教师解决工作中的实际问题。一个问题，往往需要各部门来协调解决，合作就显得尤为重要。对一个年级组来讲，少不了合作。对一个班级来讲，教师、保育员、家长之间更少不了合作。每学期开学初，幼儿园选教师、教师选教师、家长选教师，一系列的双向选择把教师推到了师德、师能的风口浪尖，也让选择后的合作更加和谐、高效。

第四个关键词：幸福

幸福的幼儿园生活

照片描述：明媚的阳光洒在大地上，百花园里，轩轩玩累了，躺在树干上休息，还调皮地做着鬼脸，满脸写着两个字——幸福。

袁幼的孩子是幸福的，袁幼的教师也是幸福的。

身体是革命的本钱。关心教师，从关心教师身体开始。袁幼人的幸福是从每天营养丰富的早餐开始的。幼儿园没有下课时间，教师工作节奏快、密度大，常常一上午来不及喝一口水，来不及上一趟厕所，偏偏很多年轻教师没有吃早饭的习惯，不是饿着，就是随意应付一下。为了教师的身体健康考虑，袁幼开始免费提供早餐。大部分教职工7点前就到园了，吃完早餐还有足够的时间来准备一天的工作。2016年，镇政府新建了教师公寓，外乡镇教师都可申请住宿，每个套间配备空调、热水器、床、柜等，设施齐全。幼儿园还免费为住宿教师准备晚餐。这一系列措施下来，袁幼彻底解决了教师的吃、住问题。

10年来，袁幼没有组织教师加一天班，这一点，袁幼人深感幸福。幼儿园从不让教师做"无用功"：布置工作有计划，不让教师措手不及；面对突击性工作，和教师一起梳理，统筹安排。当然，不加班不等于不工作，不加班不等于不学习。每天下班，总有老师拎着电脑回家，不用问，那就是默默工作和学习的。袁幼人辛苦无比，同时也幸福无比。

（写于2017年7月10日）

从种子到种子

天气转暖，气温回升，小菜地即将开始新的播种。如何实现小菜地的教育价值最大化，我有几点思考：

第一，从种子到种子。

种子是生命的开始，是生命的延续，也是生命的结束。让孩子在我们的小菜地从种植一颗种子开始，见证生命的成长、成熟，再次收获种子，感受生命的循环。植物如此，动物如此，人类也如此。

给菜秧浇水

第二，制作一本小菜地的"书"。

这本书应以小菜地的照片为封面，孩子为小菜地命名并作为书名。孩子或老师定期给菜地拍照，孩子定期观察记录蔬菜的变化，教师记录下孩子的语言及关键性提问，这些就是书的基本内容了。还可以记录下孩子们关注的内容，如有趣的事、重大活动等。

辣椒长大了

第三，每个班为全园供应一次餐点。

"自己动手，丰衣足食。"幼儿园的小菜地与农家菜地相比，除了要突出孩子的学习价值外，也不可失去蔬菜种植的本质意义——食用。本学期，各班要用小菜地的收获所得为全园供应一次餐点，如数量不够，幼儿园可采购补充。以多年经验来看，在暑假期间成熟的蔬菜大多被浪费了，所以种植前需考虑能否在暑假前收获。至于根据收获的蔬菜制定怎样的菜谱，也由班级集体决定，老师要与孩子商量，所以种植前便要考虑到种出的菜将为大家提供怎样的美味。这样一来，本学期我们将品尝到8次自产的蔬菜，真令人期待！

青菜大丰收

从本学期开始，我们不再安排小菜地的专场故事会，因为品尝美味、欣赏自制图书，各种精彩活动都贯穿在种菜过程之中了。

（写于 2019 年 3 月 19 日）

研究黄瓜

摘马兰头

让户外环境与课程建立关系

近几年，在课程游戏化项目的推动下，袁巷中心幼儿园户外环境总体得到了较大的改善，但也存在一些问题，如规划布局不合理、整体性设计不足、个性空间和趣味性不够、细节处理不够合理、立体空间开发不够，以及对教师开展户外活动的管理和指导不细等。这些问题产生的根源是忽视了环境的主人——幼儿。只有真正将户外环境与幼儿建立起相互关系，才会带来理念和行为的变化。

一、自然和谐、灵动多变，为幼儿的自然探究搭建平台

与幼儿有关系的户外环境应是自然的、生态的。世界上不少著名的幼儿园就开设在大自然当中。生命和生长是教育永恒的话题，幼儿置身于大自然中，在观察、照料动植物的过程中获得成长，这是最好的生命教育，也是人与自然的一种和谐状态。建设幼儿园的户外环境，要充分利用自然资源和社会资源，为幼儿提供主动学习、发现自然、自由探索的机会，结合幼儿好奇、好问、好动、好探究的年龄特点，如在园内开辟花园、果园、菜园、石头园，既能让幼儿园散发浓郁的自然气息，更会激发幼儿探究的欲望。让一

摘柿子

草一木、一沙一石都成为学习的资源，让花草树木和小动物陪伴幼儿成长。人类是自然之子，幼儿同样属于自然。因此，为幼儿提供生动自然的户外环境，让幼儿回归到田地之间，让幼儿与自然同生共长，才是最好的教育。

摘枇杷

包桃子

打枣子

捡花瓣

收山楂

二、因地制宜、合理规划，为幼儿的自主游戏创造空间

与幼儿有关系的户外环境要满足幼儿自由探索、自主游戏的需求。幼儿的好奇心和求知欲是自主探索的前提和保证。我们对户外环境进行了合理规划，提供了丰富的、多变的、可持续探索的资源和材料，满足了幼儿不断变化的兴趣和需求。如在户外草坪上投放开放性的塑料筐，幼儿可以进行建构、排序、角色扮演等游戏；在玩沙区投放可组合变化的PVC管，幼儿可用来与沙子组合进行塑形、垒高、填埋支撑等游戏，也可作为连接引水的管道。有的幼儿园在每一棵大树的树根旁投放了大大小小的石头，幼儿每次

我的大门我做主

户外活动时都会乐此不疲地进行石头拼画、装饰石头等艺术活动，有的幼儿会将石头假想成鸡蛋、宝藏进行角色游戏，还有的幼儿会在伤心难过的

时候对石头说话，把对石头的倾诉作为排解情绪的一种方式。现在很多幼儿园能在户外给幼儿开辟出一片"自我的领地"，在户外设置私密空间，帮助他们调节情绪、释放心理压力、反思自我行为。值得指出的是，户外环境的创设不是一劳永逸的，这是一个动态的过程，教师要根据幼儿的行为及时调整和反思，让有限的户外空间也能支持幼儿多元的需求。

钻"山洞"

错亭演唱会

三、细化功能、丰富材料，为幼儿的体能锻炼提供支持

爬树

户外环境可以为幼儿提供最基本的体能锻炼的机会。户外体能锻炼是幼儿身心发展的重要内容，幼儿拥有健康的体质，保持愉快的情绪，才能为五大领域的深入学习和发展奠定基础。在户外环境建设中要努力为幼儿打造充满野趣、富有挑战的场地与设施，为提高幼儿的力量与耐力、身体的协调性与灵活性等提供保障。作为管理者，要考虑如何在有限的户外场地中合理划分区域，怎样有效分配各种材质的场地与器材，如何选择与安置中大型玩具等；作为教师，要思考同样的场地和设施设备、材料等如何为不同年龄段的幼儿所利用，以及如何为走、跑、跳、钻爬、平衡、投掷等不同的基本动作发展所利用。我们倡导户外环境要充满挑战，激发幼儿大胆探索、勇于冒险的心志。但必须要说明的是，冒险与挑战必须在保证安全的前提之下进行，必须排除所有安全隐患。

幼儿是环境的主人。幼儿园户外环境的每一个角落都应与幼儿建立关系，每一处对幼儿来讲都是有益的、好玩的、有吸引力的，而不仅仅是精致与好看。

（写于 2019 年 12 月 9 日）

走油桶

玩户外积木

打地鼠

❦ 袁幼有面"有德墙"

　　2014 年 8 月，袁幼中心幼儿园整体搬迁至新园。乔迁之际，我找到在戴庄村试点的全国道德楷模赵亚夫老师，请他为幼儿园题字。赵亚夫老师来到袁巷多年，从未帮任何单位或个人题过字，但这次欣然同意，提笔写下"袁幼人，有德人"六个大字。从此，这六个字就成了袁幼人的座右铭，时刻教导我们：教师要有师德，孩子要有品德。

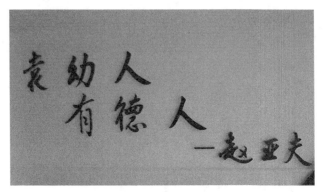

赵亚夫为袁幼题字

　　"袁幼人，有德人"六个大字布置在幼儿园门厅最醒目的位置，孩子们每天入园第一眼就能见到。尽管他们不认识字，但家长和老师带着孩子认，时间长了，大部分孩子都能把这几个字念出来。但是，即使能念出来，孩子还是不能理解这句话。"德"在哪里？德就在一言一行、一举一动、点点滴滴的小事里。于是，我们在楼梯墙面布置了"有德墙"，用照片的方式把孩子的好品行、好习惯以"有图有真相"的方式呈现出来，每张照片配以简短的文字加以简要说明，让孩子知道好品行就在具体的行动里，让"德"落地生根。

　　一到三楼楼梯间的所有墙面平均分配给全园班级，每个班都有固定展示的区域，每月更换一次内容。

　　户外活动时茗茗跌倒了，可欣过去扶她起来，帮她擦掉眼泪，安慰她不要哭。老师把这个镜头抓拍了下来，让孩子们知道关心同伴是一种美德；

简硕、子涵和小迪在学习走油桶，他们一人站在油桶上，两人扶住油桶。老师用镜头记录下这个瞬间，让孩子知道合作是一种美德；自主进餐时，孩子们自觉排好队，不推不挤。这张照片告诉孩子谦让是一种美德……

当然，孩子仅仅是袁幼人的一部分，袁幼人还包括教师和家长。阳光热情开朗的男幼师、默默无闻挥舞锅铲的陈大厨、热心肠的门卫刘爷爷、包括"句容好人"——王振宇小朋友的爸爸在内的一大批家长，都榜上有名。榜样的力量是无穷的，上榜教师和家长也会倍加珍惜荣誉，深深地影响到其他人，让师德美德可学、可圈、可点。

保育员姚丽见义勇为

教育无小事，小事最育人。一面"有德墙"，就是袁幼开展德育的阵地，一面"有德墙"，已深深印刻在袁幼人的心里！

（写于 2018 年 1 月 18 日）

幼儿园管理要打通最后一小步

今天我在班上和老师讨论信息墙的布置时，无意间观察到孩子吃点心的环节。算算时间，上一次在班级看孩子吃点心这个环节，还是在上学期。这段时间以来，我比较关注户外游戏和室内游戏，还有室内外环境，而对吃点心、午睡等生活环节关注较少。

我看到准备好的点心（一种夹心薄饼、一种草莓夹心饼干和一截截香蕉）放在点心盘里，点心盘放置在生活区靠南墙的柜子上。全班孩子的小茶杯放在点心盘下的柜子里。

孩子取点心时，排成一长条队用夹子取。因为夹子较大较长，是成人使用的工具，所以孩子使用起来非常困难。加上队伍排得较长，大多数孩子在无聊地等待，尽管有序，但是效率很低。当我提醒其他孩子可以先去倒水时，才发现茶杯就在点心盘下面的柜子里，前面的孩子在取点心时，其他孩子根本没办法拿到茶杯。

孩子们排队领取点心

我问老师：第一，为什么一定要用夹子去夹？孩子已经洗干净手才来取点心，他们可以直接用手拿饼干和香蕉。即便取餐时用夹子夹进盘子，到了座位上还是用手拿着吃的。第二，为什么不把点心盘拿到生活区的桌子上？这样全班孩子就可以分流，一部分先取点心，一部分先倒水了。老师解释说，原来她们班孩子就是用手直接拿饼干，点心盘也是放在生活区桌上的，但是后来保健老师规定必须用夹子取餐，点心盘必须放在柜子上。我再找来保健老师询问为什么要这样规定，保健老师说是何老师规定的。我再咨询何老师，何老师说这是之前有一次市里安排保健常规检查时规定的。至于具体是什么检查，哪些领导来检查，还有哪些规定，由于时间久远，已无从了解了。大家只知道现在全园都是这样规定，而且所有班级都是这样做的。

我在现场用秒表计了时间，全班 20 个孩子，取餐共计用时 7 分钟。

因为一条不知从何而起的规定，全园的孩子每天都是这样费力地用成人夹子去取餐，要排长长的队伍等待。

我随机来到另一个班，正巧这个班的孩子还没吃点心。我和该班老师将点心盘放到了可移动的餐车上，将餐车放在集体教学区。我们告诉孩子洗干净小手后已经很卫生了，他们可以直接拿饼干和香蕉。排队时，他们可以在餐车两边排队，也可以先去倒水后再来排队。这样，原来排的一条长队，相当于分流成三个队伍。

我再次计了时间，全班 30 个孩子，取餐共计用时 4 分钟，效率大大提高。

我又想到开学之初就买了筷子，准备给中大班孩子使用（《指南》要求中大班孩子要学会使用筷子），而筷子已经买回来两个多月却一直没有发到班级使用。追问原因，就是因为老师担心孩子自主进餐时碗勺盆太多，筷子没有地方摆放。其实这个问题很容易解决，只要将筷子和勺子一起放在盆里，让孩子选择其一后，老师将剩下的拿走，既不用单独准备摆放筷子的地方和工具，也不影响进餐的秩序。

理想与现实之间总是存在差距，这个差距往往不大，就剩下一小步了，但这一小步往往会让前面的付出功亏一篑，达不到理想的效果！明明不应该成为问题的问题，却成了最现实的问题。我们往往规定这个规定那个，却没有去了解这样规定到底好不好，在这样的规定之下到底会出现什么新问题，这些问题该怎么解决。要怎样迈过这一小步？我们应多走进班级，多和孩子在一起，多和老师在一起，多看、多听、多思考。理想和现实，往往仅有一步之遥！

（写于 2018 年 11 月 15 日）

关于幼儿园的科学

在学前教育中，幼儿学习与发展的五大领域包括健康、语言、社会、艺术、科学。科学作为幼儿园五大学习领域之一，往往是很多幼儿园比较薄弱的一个领域。虞永平教授说到他曾在很多幼儿园的科学探究室里看到购置的大量的科学探索器材，基本都是小学甚至中学的实验器材，价格高昂，但是玩法单一，不仅浪费经费和空间，还影响孩子的活动与发展。

2017年，我随江苏省课程游戏化高级研修班赴加拿大学习。学习期间，我们在一所幼儿园看到了一个超级大的三面镜，其做法非常简单，就是用三块镜子直接围成一个三角形，镜面朝里。这个大三面镜里可以同时容纳2~3个幼儿钻进去。看似简单的玩具却奥妙无穷，由于镜面围合后互相折射影像，幼儿钻进三面镜里就会看到无数个自己，就像钻进了一个万花筒，所以永远也数不清到底有多少个自己。从加拿大回来后，我做的第一件事就是找木匠师傅做了一个同款三面镜。2017年至今，一届又一届幼儿对这个三面镜百玩不

神奇的三面镜

厌。每个幼儿都在探究镜子里到底有多少个自己，但是至今没有找到答案。

对学前阶段的幼儿来说，科学教育并不是告诉他们一个个科学原理，也无法给他们解释透彻某种科学现象，而是激发他们的好奇心和探究欲。在幼儿心里种下一颗神奇的种子，等他们长大后一定生根发芽。

探索大自然的奥秘

在幼儿园，幼儿对科学的学习并不是在课堂上听课完成的，他们是在直接感知、具体操作、亲身体验中学习。比如，在沙地里，幼儿们挖了一个沙坑做池塘，可是不管他们倒多少水进去，也不管运水的速度有多快，水倒进沙坑很快就消失不见了。在老师的引导下，他们找来一张塑料薄膜垫在沙坑底部，终于成功做出了一个小池塘。让幼儿在与沙、水的玩耍中，感受到沙的吸水性和塑料薄膜的防水性，这才是幼儿园的科学。

一路寻春味

幼儿们在户外的大石头下发现很多西瓜虫，他们想把西瓜虫带回教室去养。为了迎接西瓜虫，他们用硬纸盒给西瓜虫做了一个漂亮的家，挖来了土，把土浇湿，还放了好吃的蔬菜、水果和米粒喂西瓜虫。可是，每一次带回的西瓜虫没几天就死掉了。这引起了幼儿们的反思：原来西瓜虫的家在大石头下，它们喜欢住在自己的家里，不喜欢被小朋友带到教室。从此以后，他们只会搬开石头或木桩看一看，再轻轻地把石头、木桩再盖上去，不再打扰西瓜虫的生活。教会幼儿懂得与自然界的各种动植物和谐相处，这才是幼儿园的科学教育。

在幼儿园，幼儿科学学习的核心是激发探究欲望，体验探究过程，发展初步的探究能力。作为幼儿教师，面对幼儿的"十万个为什么"，千万不要直接告诉他们答案，让幼儿经历探究的过程，远远比"知道结果"更有价值。个人认为有两个简单有效的科学启蒙方式：一个是读图画书，另一个是让幼儿观看动物世界等栏目。

引水实验

但是寻找到适合幼儿阅读的经典科学读物不是一件容易的事情，我们一直在努力。要特别指出的是：数学是科学的基础，让幼儿在生活中体验数学的有用和有趣，在学前阶段激发他们对数学学习的兴趣尤为重要。

愿所有教育人合力行动，让全社会重视科学、尊重科学、研究科学，为中国培养出更多为世界造福的科学人才！

（写于 2022 年 5 月 15 日）

自然曼陀罗

第二章

同频声

明确一个理念、把握三个重点、做好十项工作，科学做好幼小衔接

一、明确一个理念

在幼儿园，我问过很多老师同样的问题：什么是幼小衔接？"幼"是指什么？"小"是指什么？老师们给了我不同的答案。有的老师说，幼小衔接的"幼"是指幼儿园最后一年，有的说是最后一学期，有的说是最后一个月。有的说幼小衔接的"小"是指小学一年级，有的说是指一年级第一个月，有的说是指一年级第一周。我认为，要做好幼小衔接，必须明确一个共同的理念，那就是："幼小衔接"是指整个幼儿园阶段向整个小学阶段，甚至是向终身学习的衔接。我们要做的入学准备归根结底是为儿童的未来做准备。

"三年级现象"：一般来说，所有提前学习到的知识到小学三年级就失去优势。过度提前学习只会让孩子在第二次学习时感觉在重复学习，从而失去兴趣。即使因为提前学了而表现出的优势，也是短暂的。每个阶段都提前去学，造成的结果是幼儿园提前学小学的内容，小学提前学初中内容，初中提前学高中内容，大学再提前学什么呢？到大学里再去学幼儿园学习的内容吗？

二、把握三个重点

幼小衔接不是提前学习，不是抢跑。那幼小衔接的重点是什么呢？我

认为幼小衔接有三个重点。

1. 好习惯很重要

"养成好习惯，就等于成功了一半。"帮助孩子养成好的习惯，让他们保持旺盛的学习热情和学习能力，可以让孩子一生受益。

第一，生活习惯，例如早睡早起、吃早饭，早餐质量直接影响孩子一上午的学习质量。

第二，学习习惯，例如收拾整理书包。不要认为收拾整理书包和学习成绩无关，书包和文具盒乱糟糟的孩子多半是没有条理性的，一般来说成绩也不会太理想。

第三，行为习惯，例如每天问候早安这样的礼貌问题。有些家长缺乏这样的意识，自己做不到也不会提醒孩子去做。

2. 学习品质很重要

什么是学习品质？举个例子：一个孩子听力特别好，能听到很远很小的声音，但没有耐心去听别人讲话。另一个孩子听力一般，但很愿意安静、认真地倾听别人说话。这两个孩子谁才是更好的倾听者呢？谁的学习品质更好呢？

可见，学习品质不是孩子要学习的知识技能本身，而是孩子在学习这些知识技能时的态度和行为。学习品质包括积极主动、认真专注、不怕困难、敢于探究和尝试、乐于想象和创造等。知识技能学得不好，可以日后慢慢学习，没有养成良好的学习品质，再想弥补就很困难。孩子表现出的学习兴趣和态度、不怕困难、敢于挑战的学习品质，也正是中小学倡导的核心素养，这些优秀品质远远比知识技能本身更重要。俗话说的"三岁看大，七岁看老"说的就是这个道理，看就是看一个人的品质。

3. 尊重规律很重要

万物皆有规律，孩子的成长也是一样。

同样是集体在校学习，为什么从小学到初中的过渡、从初中到高中的过渡，没有幼儿园升入小学的过渡受重视程度高？这是因为从心理发展的连续性来看，儿童在幼儿园大班到小学一年级这两个相邻的时间段，基本处于同一个发展阶段。这个阶段儿童的脑部发育还远未成熟，却要经历两个全然不同的学段，这就会带来适应的问题。如果处理不好，会让儿童压力过大，导致他们焦虑、退缩、自我效能感降低，从而表现出厌学等适应不良的问题。

例如，很多家长觉得孩子做事拖拉。这是因为幼儿园阶段的孩子时间概念是模糊的，不知道十分钟、半个小时到底有多长。我们要做的就是培养孩子的时间观念，让孩子学会看钟表。如果孩子早晨不肯起床，就给孩子买个闹钟，告诉他几点前到校，早晨的时间段要完成几件事，让他学习自己掌握时间，从小学会做时间的主人。

例如，5岁才是幼儿开始练习握笔的最佳时期。过早握笔超过了幼儿身心承受能力，只会让幼儿不得不近距离握笔或用不正确的手指配合方式来握笔，造成握笔姿势错误。一旦养成不良习惯，就很难纠正。而家长、教师的盲目批评会造成孩子对书写的排斥和恐惧。最初幼儿练习握笔时，可以给幼儿提供粗短一些的笔。随着幼儿手部肌肉的发展，到中班下学期和大班，再提供细笔，循序渐进、慢慢引导，才能保证幼儿握笔姿势正确。

三、做好十项工作

在袁幼，我们一直联合小学、家庭三方协同做好以下十项工作。

（1）携手成立工作组。幼儿园与小学携起手一起备课，一般在4月份制订幼小衔接工作方案。5月上旬，幼儿园第一次到小学召开行政碰头会，成立幼小衔接工作小组，成员包括幼儿园正副园长、大班老师、小学正副校长、一二年级老师，一共14人。6月初，小学与幼儿园的老师第二次召开碰头会，再次集中研讨，细致安排每一项具体工作。

幼小衔接筹备会

（2）广泛宣传。在幼儿园以电子屏播放宣传标语，发放"致家长的一封信"，在班级微信群分享幼小衔接经验，通过一系列措施宣传到位。

（3）调查问卷摸底。幼儿园下发的问卷星家长问卷，完成率126%。通过汇总分析，我们非常高兴地发现，幼儿园的大班家长对幼小衔接工作的基本教育理念和学校是一致的。97%的家长认为幼小衔接很重要；64%的家长会经常和幼儿聊到上小学这件事；82%的家长已经为幼儿准备好了小书桌；94%的幼儿对上小学充满期待。家长最关注的问题有：了解幼儿园和小学的差异、如何帮助幼儿养成好习惯、如何提高幼儿独立意识和时间观念、如何引导幼儿憧憬小学生活、如何培养幼儿抗挫能力、听专题讲座这6个方面。

（4）梳理习惯清单。结合近几年一年级新生入小学初期的种种不适应情况，小学老师们从生活习惯、学习习惯等6个方面，共梳理了32条具体要求。这32条要求已经转发给幼儿园小中大班所有的班级，并且，不只大班幼儿，中班小班幼儿也一样要养成好习惯。

（5）晒晒小书桌。进入小学，意味着孩子要将更多的时间用于学习。除了在校学习，家庭学习也相当重要。为了让每个孩子回到家里有一个固定、安静的专属学习区域，我们倡议每个家庭在群里晒一晒小书桌。这个书桌的旁边，还有专门的小书柜，摆放孩子的书本和学习用品。低年级段孩子的学习，离不开家长的陪伴，因此还建议有家长陪学的位置。这是我们家长为孩子幼小衔接所做的重要的物质准备。这项工作得到了家长的高度重视和配合，现有45个家庭完成了书桌的准备（大一班20个，大二班25个），占比82%。不仅仅是大班幼儿，小班和中班幼儿同样需要专属学习区域。

晒晒小书桌

（6）开设家长咨询站。这是给家长提供的与教师面对面交流的平台，这项活动作为袁幼的传统项目，到 2020 年已经开展三年了。我们的家长咨询站每周三特邀小学低年龄段老师与家长面对面互动，其余周一到周五的时间由幼儿园的骨干教师和大班老师为家长答疑解惑。目前家长咨询站共接待家长近 30 位。

园门口的家长咨询站

（7）"走进去"，参观小学。6 月 11 日（周四）上午，大班的孩子们第一次走进小学，小学老师精心安排路线，请了专门的小解说员为孩子们解说。孩子们参观了小学的图书室、教室、食堂，提前感受到小学是什么样的，他们对小学生活充满了期待。

参观小学

（8）"请回来"，小学生回园。6 月 19 日上午，邀请已经升入一年级的孩子与我们即将升入一年级的孩子面对面交流，介绍他们对小学生活的体验。对一年级的孩子来说，这次活动也是一次"回家"，他们都非常期待，离开幼儿园一年后再回来看看母校的变化。

听姐姐介绍小学

小学生回园

回母校看看老师

（9）袁幼大讲堂。共安排两次，以"抖音直播"的形式开展。第八期开讲时间定为 6 月 16 日 13：00—13：30，主讲人是喻兴艳，大讲堂内容是"三方合力，科学做好幼小衔接"。第九期开讲时间定为 6 月 19 日 13：00—13：30，主讲人是袁巷中心小学教导副主任贺颖，大讲堂内容是"一年级，我该怎么做？"。

袁幼大讲堂

（10）小中大系列活动。小班年级组的主题是"自己的事情自己做"，着重幼儿自我服务能力的培养。中班年级组的主题是"好习惯伴我成长"，着重培养良好的生活和学习习惯。大班年级组的主题是"我要上小学啦"，开展多样化的活动，着重做好幼小衔接工作。

相信在幼儿园、小学、家庭三方共同努力之下，在专家组的现场指导下，我们的孩子一定能够做好入学准备，顺利开启崭新的小学生活。衷心地祝愿我们的孩子学得开心、老师教得舒心、家长个个放心！

（写于 2020 年 6 月 18 日）

做好安全加减法，共建平安好校园

一、在安全隐患排查上做减法

海恩法则认为，每一起安全事故的背后，必然有 29 次轻微事故、300 起未遂先兆及 1000 起事故隐患。海恩法则给我们的启示：一个重大事故，看似偶然，实则是各种不安全因素累计的结果。对照幼儿园工作，我们认为：消除一个安全隐患，从某种意义上讲就是避免一次安全事故的发生。袁幼一直倡导"人人都是安全管理员"的理念，包括管理人员在内的每一位教职工都承担着安全管理的义务和责任。幼儿园在绩效考核中设立了"主动上报安全隐患奖励"，让每一位教职工都成为安全隐患的发现者、上报者、处理者。2020 年全年教职工累计上报安全隐患 32 条，这 32 条被发现并被清除的安全隐患就像 32 道保护伞，守护着幼儿园的平安。

二、在幼儿安全教育上做加法

幼儿园安全工作的重中之重是幼儿安全。但是，世上终究没有绝对安全的环境，幼儿园也没有绝对安全的场所与材料，对幼儿来说，真正的安全是幼儿的自我保护意识和安全防范能力，最好的安全教育就是给幼儿挑战的机会。把幼儿关在教室不是最好的保护，因为温室里的花朵更容易受伤。在园里，我们带着幼儿在操场上走油桶，在木工坊教会幼儿使用锤子、锯子、刨子自制玩具；在山林课程探索中，我们把幼儿带到瓦屋山，在竹林挖竹笋，在板栗园爬树……在这些看似有些危险的活动中，幼儿从未发生过严重的安全事故，反而获得了更多的自我保护能力，培养出坚强的毅力。

爬树

跨沟

绳索悬吊

三、守住"100+1＝0"的底线，确保校园不出事、少出事

袁幼会议室里悬挂的"袁幼文化相框"中，有一道很醒目的公式就是"100+1＝0"，这是我们幼儿园安全管理的重要理念，袁幼人人知、人人晓，并深入骨髓。这道公式时刻提醒全体教职工谨记：做了再多的工作，若发生安全事故，则"一失万无"，对幼儿园如此，对班级如此，对教师个人也是如此。安全工作永远是幼儿园最重要的工作，没有之一！每次会议必讲安全、每次问卷必问安全、每次考核必有安全。对于安全管理的要求，没有最严，只有更严。凡发生大小安全事故的班级和个人一律取消评优评先资格。10年来，在市教育局的指导和全体教职工的守护下，幼儿园未发生一起安全责任事故。

（写于 2021 年 1 月 19 日）

"看—记—说—化"，探寻园本教研新路径
——以大班入园环节观摩为例

2017年10月省教育厅发布《关于加强学前教育教研工作的意见》（苏教基〔2017〕14号），明确指出全省将把教研作为由点及面整体推进幼儿园课程改革的核心力量。近年来，袁幼积极探索园本教研的内容和形式，尝试通过"看—记—说—化"为基本路径，以问题为导向，走进现场，发现问题，深入剖析，记录反思，分享交流，内化改变。在园本教研中把具体问题变成共同话题，形成共识和改进，真正促进教师专业成长和保教质量提升。

一、看：深入现场，浸入观察

看，是深入现场，用眼睛看、用耳朵听、用心去思考，去发现真实活动中的真问题。幼儿园教研的核心目的是解决教师在日常保教过程中遇到的问题和困难，从而提高保教质量，所以教研人员必须深入现场、发现问题、感知困难、聚焦重点。《关于加强学前教育教研工作的意见》提出，要求建立持续性沉浸式教研制度。只有真正进入教育现场，才谈得上是沉浸式教研，甚至才谈得上是真正意义上的教研。对保教活动的"看"应注重幼儿的行为与活动过程，关注幼儿的积极性、主动性、创造性，要把关注重点放在幼儿做了什么，而不是教师讲了什么上。要注重幼儿获得的新经验，而不是教师讲解的知识。要关注教师如何采取有效的策略调动幼儿的学习热情，如何激发幼儿的思考和创新。

一日之计在于晨。入园环节作为一日生活中一贯不被重视的生活环节，实际蕴含着巨大的教育价值。现以我园大班入园环节观摩为例，园本教研从"看"开始。

（一）看什么：要有明确的观察目的

教研时间：2018年9月11日上午7：40-8：20

教研地点：大一班活动室

观摩重点：1.幼儿行为与学习方式，与教师、同伴、材料的互动；

2. 教师行为与支架幼儿学习的方式，与幼儿的互动。

教研人员：正副园长、教研组长、骨干教师共6人

（二）看到了什么：表格化形式清晰呈现

观察内容	现场观察情况
活动组织	7：43—8：07 幼儿陆续来园，开始自主签到。签到表格内容包括姓名、日期、到园时间、气温4项。两名教师在室内组织签到，主动帮助签到有困难的孩子 8：00—8：09 签到结束的幼儿，部分自选图书阅读，部分在座位上等待，部分与同桌幼儿小声交流偶尔来回走动。教师A与参与教研人员交流。教师B组织室内巡视 8：10—8：17 教师A组织晨间谈话，告诉孩子今天在大型建构区游戏，强调户外游戏安全，提醒上厕所。教师B协助维持常规 8：20 两名教师共同组织幼儿集中外出户外活动
相关环境	1. 教师提供签到表，以小组为单位夹好挂在班级前面的信息墙上。每小组第一个到园的孩子取下签到表，拿到小组分配给其他孩子，最后一个签到结束的孩子负责收齐本组的签到表夹好挂回墙上 2. 教师集中将台历、电子钟和温度计显示的日期、时间和气温，通过投影显示在一体机屏幕上
师幼互动	1. 两名教师与多名幼儿短暂互动，平均每次20秒左右 2. 裴＊＊和石＊＊两位幼儿就签到中遇到的困难主动向教师A求助
保教配合	7：43—8：20 两名教师组织幼儿入园签到时，保育员打扫户外保洁区和走廊卫生。8：10 保育员进班摆放好消毒过的幼儿水杯，其余时间未出现在室内
幼儿学习与发展	通过自主签到，幼儿懂得按时入园，体验集体归属感，练习书写姓名、记录日期、到园时间和气温

（三）看出了什么问题：就事论事，确定问题起点

通过此次观摩，结合现场过程，教研人员提出了入园环节应重点聚焦关注的三个问题：

1. 签到表内容较多。尽管教师提供了台历、电子钟、温度计等工具，并通过投影显示在一体机屏幕上，但全班仍有半数幼儿因不理解表格内容与提供工具的对应关系，较难独立完成填写签到表。是否可以减少签到内容，降低签到难度？签到表的设计如何体现幼儿个体差异？

2. 两名教师均在室内组织活动，未能与来园幼儿的家长交流，未进行二次晨检。两名教师应如何分工组织入园过程更为合理？

3. 在入园环节，除了签到，幼儿还可以做什么？对应《指南》目标，

入园环节还可以给幼儿提供哪些学习和发展的机会？

二、记：记载录入，思维提升

在观察的基础上记录幼儿的行为，是培养和融合两大责任"行动"与"反思"的源泉。运用记录，可以将自己视为有力的信息来源，如幼儿的需求、兴趣、个体独特性等。如果说理解幼儿像揭示奥秘，那么做记录就像收集线索。记录不仅要描述行为本身，而且还要描述幼儿对他所做事情的感受。具体细节包括幼儿说了什么、做了什么及如何做的，还有与幼儿有关的人和材料（质量和数量）。

园本教研中的"记"要建立在对幼儿行为观察记录的专业能力之上，同时关注教师行为，并融入教研者的深度思考。教研现场的记录会记下当时最真实的想法，这些记录在当时看来可能并没有什么价值，但在回顾时往往能从其中寻找到最宝贵的信息，并充分加以利用。可以采用传统的文字、表格等记录方式，也可以借助手机、摄像机等现代化手段进行记录。无论采用哪种记录方式，都要真实客观地记录现场中看到的现象，记录下眼睛看到的和心里想到的，更需要在现场进行第一时间的思考。用文字记录所见所想，是思维的进阶提升，也是教师必备的专业能力。

在大班入园环节观摩中，教师应借助表格进行现场记录。

教师操作表格如下：

一日活动观摩记录表

	记录项目	记录内容
记录幼儿	在常规活动中的行为	
	使用材料的情况	
	社交行为	
	语言和读写能力	
	特殊幼儿的关注	
记录教师	组织活动形式	
	师幼互动	
记录环境	时间、空间、材料、资源等	
记录思考		

下面是一位教师的"思考记录"：

今天观摩了大一班的入园环节，最值得我学习的是教师能通过签到的活动，让幼儿练习书写姓名，了解时间、气温等知识，为幼儿前书写能力的发展提供了机会。为了让全班孩子都能看清小台历的日期、小电子钟上的到园时间，教师通过一体机投影显示，体现了儿童为本的理念。但是，今天看到孩子活动的场景，又让我想到这几天在看的"日本幼教之父"仓桥物三先生写的《幼儿园真谛》一书，书中提到，不管在哪一种教育活动中，制订教育计划必须特别考虑教育对象的实际情况，做到教育对象本位。教师让孩子自主签到的做法蕴含了一定的教育价值，但是在实施时并没有考虑孩子的年龄特点和学习方式，甚至带有小学化倾向。大班孩子的学习以具体形象思维为主，抽象思维已经萌芽，他们有初步的任务意识，但是注意力集中的时间不长。一般来说，他们对感兴趣的活动能集中较长时间，但是，对于这样的"任务式"签到，孩子们并不感兴趣，感到很"痛苦"。建议减轻记录的任务，减少一些写的内容，确保记录的质量。

三、说：分享表达，智慧共生

说，是分享，是表达，是把眼睛看到的内容转换成语言表达出来的过程。教师是课程改革的关键，也是教研工作的主体。教研活动的出发点和立足点一定是教师实际工作的需要，一定是教师面临的具体问题，一定是教师自身难以克服的问题。说，可以把教师集体的力量组织起来，让个人问题变成公共话题，把个人智慧变成集体智慧。

1. 说亮点。

尽管解决问题和困难是教研的核心目标，但在园本教研中，教研人员在分享交流时对观摩现场的肯定也是极为重要的。"说亮点"这样的肯定，既能让参与人员形成共识，让优点辐射，互相借鉴学习，也是对提供现场的班级给予莫大的鼓励，可以增强班级教师参与研究的自信心，体验在教学研究中的成功感。

2. 说问题。

"说问题"是园本教研的关键。古人云："学贵有疑，小疑则小进，大疑则大进。"这句话告诉我们学习贵在思考，疑问是学习的基础，有所"疑"才会有所"学"。所以提出一个问题比解决一个问题更有价值。教师是园本教研的主体，教研要解决的问题一定是来自一线教师的声音，教师的问题才是真问题。问题导向的园本教研要打开教师的嘴，让教师敢说真话，会说真话。园本教研将大家的问题总结、归纳、提升，对重要问题形成共识，才能推动分析问题、改进实践。

3. 说建议。

"说建议"是园本教研的重点。园本教研是促进教师专业能力成长的有效途径，幼儿园不仅要搭台子、铺路子，更要给方法、给建议。"三个臭皮匠，赛过诸葛亮"，深入现场的浸入式教研回归孩子的生活和游戏，教师在长期的教学实践中积累了宝贵的经验，这些经验或许还缺少一些理论的高度，或许有些零碎，但通过教研的形式集中在一起，取长补短，互相启发，效果不是加法而是乘法，会形成更加切合实际、更具有可操作性的经验和成果。

针对 9 月 11 日在大一班教研现场看到的入园环节，教师展开了如下讨论：

教师 C：在幼儿入园高峰期，可以由一名教师站在门口接待幼儿，同时进行二次晨检。另一名教师在室内组织签到就可以了。

教师 D：大一班教师能通过签到的活动，让幼儿按时来园，练习书写姓名，了解时间、气温等知识，非常有心。但幼儿要在签到表上同时记录姓名、日期、时间和气温，这对刚入大班的孩子来讲还是比较困难的，签到耗时较长。是否可以让幼儿自制个性化的签到表，签到内容和数量由他们自己决定，给予不同能力发展的幼儿以不同的学习支架。

教师 E：《指南》中"会正确书写自己的姓名"是大班学期末才要达到的要求。有几名幼儿不能完整地写出自己的名字，也可以只写一个字或两个字。教师要对书写困难的孩子做到心中有数，注重在一日生活的其他时间为幼儿提供书写的机会，不必刻意练习。

教师 F：作为一日生活的开始，入园环节应是轻松愉快的，充满自由感的，幼儿应当可以选择自己喜欢做的事情。整个入园时段，孩子大部分时间都在签到，像是做作业或完成任务。建议教师安排更多的小组活动、同伴学习、个别活动等内容供幼儿自主选择。

几年来，我们十分注重在园本教研中为教师提供"说"的机会。在袁幼，有非正式场合下自由说、随意说、点名说、抢答说，也有正式场合下代表说、分享说。教师最初不敢说、不愿说，后来逐渐可以试着说、大胆说，到现在主动说，并能结合思考来说、结合理论书籍来说，在袁幼已形成良好的"人人做、人人思、人人写、人人说"的教研氛围。

四、化：内化迁移，主动改变

课程游戏化的"化"意味着真正将游戏精神融入课程实践的过程之中，融入幼儿的一日生活中。园本教研也要在"化"上下功夫。园本教研的"化"则意味着内化吸收、迁移经验，意味着主动改变。园本教研要将教师发现的问题、提出的建议集中起来，将这些内容提炼、总结为大家认可的共识，最终形成可以推广的经验。这需要每一位教师能够内化吸收教研成果，再运用到自己的教育实践之中去检验，去调整，去反思，再提出新的问题，这是一个不断反复、螺旋上升的过程。让园本教研从幼儿学习现场中来，再回到现场中去，带来幼儿学的改变和教师教的改变。

结合看、记、说三个环节，我们把大家聚焦的三个问题结合教师讨论进行了提炼和梳理，形成了以下共识：

大班入园环节，可以这样做：

1. 两名教师合理分工。一名教师在室内组织幼儿活动。另一名教师在教师门口主动、热情、礼貌地迎候幼儿和家长，同时做好二次晨检，观察幼儿身体状况、情绪和精神面貌；察看幼儿是否携带了不安全物品，是否按要求带齐当日所需用品等。

2. 重新思考签到的价值。考虑幼儿的个体差异，签到表的设计可以由幼儿自己完成，体现多样性和留白。

3. 除签到外，幼儿可以选择制订游戏计划，包括观察、劳动、值日、律动，以及协助教师准备游戏材料等活动。在入园环节不要让幼儿有任务感和负担，而是让他们可以选择自己喜欢做的事情开始一天的美好生活，产生发自内心的自由感和使命感。

4. 入园与晨谈环节自然过渡。教师结合入园情况做小结，查看幼儿出勤情况，并做好记录。及时与未到园幼儿的家长取得联系，了解原因。让到园幼儿了解缺勤幼儿的缺勤原因，引导他们学会关心同伴。幼儿可通过日期和时间的记录，学习使用数字信息进行简单的推理，如知道今天是星期五，明天是星期六，爸爸妈妈休息。

"看—记—说—化"，把看见的记下来，把记下的说出来，把说出的再做出来，这是我们在课程游戏化背景下探寻园本教研的一条新路径。经由这条路径，我园三个大班对入园环节均在活动组织、签到表设计、过渡环节等方面做出了较大的调整。幼儿入园后变得自由自主，情绪愉悦，充满自由感，同时获得了更多潜在学习和发展的机会。以前长期固有的惯性思维让我们对一日生活习以为常，而园本教研让我们学会换一种眼光、换一种思维去审视幼儿的活动。教师也从入园环节散发性地提出在散步、午睡、离园等环节存在的问题，这些问题的解决我们也将尝试用"看—记—说—化"的路径来解决。幼儿在园的每一个环节、每一分、每一秒都有学习发生，有幼儿的现场就有教研的现场。园本教研的探索之路，只有起点，没有终点，我们会将"看—记—说—化"持续深入地进行下去。

（2019 年 1 月发表于《早期教育》）

办最本真的乡村学前教育

——我的教育理想与实践

回望：三次服从，又逢三个惊喜

第一次服从：1996 年 6 月，16 岁的我在老师和父母的安排下报考了丹阳师范学院学前教育专业，那时候我没有选择的权力，只能服从安排。选择师范，是因为妈妈说可以分配工作；选择学前教育专业，是因为老师说我长得眉清目秀，肯定受小朋友喜欢。

第二次服从：1999 年 8 月，我如愿顺利毕业，被分配了工作，而且从幼儿园"升级"到了小学做老师，妈妈很高兴，说还没工作就"提拔"了！可我并不开心，但依然没有选择的权力。

第三次服从：我在小学一干就是 7 年。这 7 年我还算得上是一名出色的小学数学教师，所带班级成绩一直名列前茅，获了很多奖，还得到不少表彰。正当我继续将一腔热情奉献给小学教育事业时，毫无防备、毫无准备，我又被安排到幼儿园工作，依然没有选择，这是第三次服从。2009 年，我被任命为园长，我深知这是市教育局对我莫大的肯定和信任，可那时我连一名优秀的幼儿园教师也算不上，一时间感到空前大的压力！

但是，即使没有思考的时间，也必须迎难而上！一大堆问题摆在我面前：怎么做园长？怎么管教师？怎么管家长？怎么管幼儿园？两个月里，紧张、失眠、做噩梦一直伴着我。感谢我的前任园长在调离后仍不厌其烦地帮助我，感谢袁幼的每一位老师给予我莫大的支持和配合，让我逐渐适应了"园长"这个角色，也让我对幼儿园如何发展有了更深层次的思考。

我渐渐找到了答案。

2014 年，袁幼"三喜临门"：新园搬迁，成功申报江苏省第一批课程游戏化项目，成功申报镇江市《指南》实验园。

之后的两年里，袁幼发生了更大的变化：迎接了省教育厅、省财政厅、省教育评估院的视察；接受了《中国教育报》《江苏教育报刊总社》《镇江日报》、镇江电视台、句容电视台的专访，接待了联合国儿童基金会和山东、河北、广西、新疆等地区专家、同仁的参观考察。2016 年教师节期间，江苏省省长石泰峰来园慰问教师，新闻报道入选"江苏教育十大新闻"头条。

袁幼为什么引起了大家的关注？关键的一点，那就是我们袁幼人共同坚守的教育梦：办最本真的乡村学前教育！

在望：四个举措，不止四重改变

本，即根本；真，即真实。本真教育，旨在立本求真，既是教育的起点，也是归宿。个人浅见，可以把本真教育理解为尊重生命本色，遵循教育本质，行真教育、做真教师、育真人才。

一、创设最本真的园所环境

最本真的园所环境是应让幼儿感到亲切和真实的。新园交付时，环境创设是头等大事，也是让人十分头疼的事。只有立足本土，才能创设适合我园的真环境。袁巷依山傍水，身居"瓦屋竹海"景点之中，独特的地理位置造就了独特的教育资源。我以省课程游戏化内容"竹文化游戏课程建设"为指引，充分利用本地资源，在园内精心开辟"香樟园""百花园""百果园""小竹园""小菜园""亚夫果园"六个园子。这些园子就是幼儿们最喜爱、最真实的大课堂。春天，幼儿们在百花园寻野花、赏海棠；夏天，他们有时在香樟园捉蛐蛐，有时在小竹园享受清凉；秋天，他们采来桂花做桂花糕；冬天，他们又忙着给果树穿"衣裳"。室内，宽敞的教室、宽阔的走廊、别具一格的专用室，都是幼儿游戏的天堂。每一处游戏材料丰富多样，瞧，竹筒、稻草、松球、蚌壳、瓦片，幼儿们样样玩起来都在行。虞永平老师称赞我们是全省幼儿园中资源利用的典范，这正是源于我们的初衷——立足本土，用真材料，玩真游戏。

二、培养最本真的教师队伍

在袁幼，不分年龄、不分岗位，每个人都是不可或缺的一分子，每个人都保持着教师最原始的本色和真实。

1. 本真教师要有真心。

幼儿园工作保教结合。先说保教的"保"，即保育。保育最需要教师有真心。赵亚夫老师为我园题下的"袁幼人，有德人"六个大字，这是每一个袁幼人的座右铭，时刻教导我们教师要有师德，幼儿才会有品德。幼儿园教师的真心往往体现在一些小事上，因此我园对教师提出了照顾幼儿的"十无"要求：① 无不梳头发；② 无手、脸脏；③ 无出大汗；④ 无扣错纽扣；⑤ 无穿反裤子；⑥ 无尿湿裤子；⑦ 无内衣不塞裤子；⑧ 无穿反鞋子；⑨ 无鞋带散开；⑩ 无穿过多衣服午睡。这十条生活细节上的要求，要有真心、真行动才能做到。有真心、有真行动，才能换取孩子舒心、家长放心。

2. 本真教师要有真才。

再说保教的"教"，即教育，教育需要教师有真才实学。高质量的幼儿教育，教师绝非保姆，也不是传统的传道授业解惑者，而是"以专业的眼光赋予学习者和学习价值的人"。2012 年《指南》的颁布，对教师专业能力提出了极大的挑战。袁幼教师队伍年龄结构严重两极分化，公办教师占比低，学前教育专业的教师占比更低，师资力量极其薄弱，但这些都不能成为我们降低工作要求的理由。吃老本、思维僵化、异想天开都是行不通的，转变教师思想迫在眉睫。一方面，我们组织教师全面学习《指南》，同时带领大家阅读大量专业书籍，如《幼儿园创造性课程》《发展适宜性游戏：引导幼儿向更高水平发展》《观察儿童》等；另一方面，对教师提出六大必备专业能力，即观察能力、作品分析能力、谈话能力、课程设计能力、活动组织能力和评价能力。同时利用"周三研讨日""周五读书日""教师技能大赛""一日活动观摩"等一系列研训赛活动，提高教师业务能力。两年来，袁幼教师已初步完成了从教育理念到行为方式的转变。

3. 本真教师要有真功。

最后说说保教。只有将保育和教育二者统筹兼顾、合二为一，才是称职的幼儿教师。这就需要教师有真功。幼儿年龄小，日常保教事务烦琐，教师要有"眼观六路、耳听八方"的真功夫，才能做到"心到、眼到、耳到、手到"。

三、建设最本真的园本课程

课程建设是当前幼儿园的核心工作，园本课程建设是课程建设的必然结果，也是我多年来的梦想。2016 年，一次偶然的机会，我有幸与南京市北京东路小学附属幼儿园吴邵萍园长对话交流，了解到她所在幼儿园的园本课程汇编历时十几年之久，让我对园本课程有了新的理解：

第一，园本课程不是"有"和"无"两个极端，而是一个过程，每个幼儿园都在为此努力，大家处在不同的水平上。

第二，避免把园本课程只当成书写的过程，园本课程不是"写"出来的，是"做"出来的，重点在实践而不仅仅在书面表述。

所以，园本课程建设不是一蹴而就的，不能急于求成，必须经历一个实践、思考、改造、再实践的过程。2017年4月15日对袁幼来说是具有里程碑意义的一天，这一天我园成立了课程建设小组，成员共9人。小组践行课程游戏化精神，充分依托自然、人文、社会资源，借鉴《幼儿园综合活动课程：教师指导用书》，在深入实践的基础上，删减、替换、改造和完善，从课程的园本化实施做起，逐步形成自己的课程方案。这个过程也许是三五年，也许是十年二十年，好在我们已经在路上，就不再畏惧终点有多远。

四、发展最本真的农村孩子

当下，袁幼的孩子是幸福的。他们并没有输在起跑线上，相反，在我们眼中他们是与同龄孩子处在同一水平的本真儿童。每个孩子都是热情投入的主动学习者，在游戏中，孩子不仅仅是玩，重要的是经验、经历的积累，更重要的是自主观察问题、思考问题，乃至解决问题。我们惊喜地看到了孩子的发展：孩子的嘴巴动起来了，按要求说起来了；孩子的双手动起来了，敢于参与做了；孩子的身体动起来了，体能得到了很好的发展；孩子的心动起来了，不怕不娇，敢大胆玩起来了；孩子的大脑动起来了，善于动脑筋思考了；孩子的情感动起来了，会自觉乐群合作了；孩子的主动性调动起来了，能自主观察探究自然并解决问题。

展望：五个期待，明天更多奇迹

我坚信：办最本真的乡村学前教育不是梦，明天我们一定看到：

1. 生活的教育化。

幼儿园作为幼儿的教育场所，首先是生活的场所。不是教育的生活化，而应是生活的教育化。其实，"教育化"这一说法也过于张扬了，"××化"了以后就会失去生活的原味。更准确地说，学前教育是以生活为基础，在生活中渗透教育，或者说在生活中融入教育。

2. 幼儿有自由感。

在来园的幼儿中，有的会调皮捣蛋，有的把衣服搞脏了，等等，教师也不应对他们加以斥责。即使有少数幼儿发生纠纷，教师也要微笑面对，耐心解决。假如幼儿在游戏时，一点也没有那种盯着教师、战战兢兢的表情，一点也没有该往这里走还是该往那里走的手足无措的局促，而是全身洋溢着充分的自由感，这样的幼儿园才是对幼儿有无限吸引力的地方。

3. 教师找准定位。

教师的作用是用心、细致地照顾好幼儿的生活。他们应该是幼儿能够看到的，但处在并不显眼的地方的人。教师对待幼儿，既不能太冷淡又不能太急躁。当幼儿凭借自己的力量想获得成功却又不足以成功时，教师才要给予幼儿支持性、帮助性的指导。

4. 家长有收获。

家长与幼儿园形成合力，形成一致的教育观念，互相学习、互相影响，共同承担起教育幼儿的责任。

5. 幼儿园没有"幼儿园味"。

有人说，"总觉得幼儿园有地方不对劲"。这不是说幼儿本身有什么不好，而是幼儿园有种特别的"味道"。最本真的幼儿园应该是没有"怪"味的。我们的幼儿园能否做到只有纯粹的幼儿的"味道"，而没有那种特有的"幼儿园味"，让每一个孩子通过生活来学习生活。我坚信，我们的幼儿园会一直朝着这个方向努力。

（写于 2018 年 8 月 2 日）

为梦想而努力

第二部分

倾听拔节的声音

我和我们袁幼人共同坚守的教育梦：办最本真的乡村学前教育！

第一章

走进山林

让孩子们在自然中健康成长
——句容人民广播电台"一起成长"栏目2022暑期"校长说"专题采访

访谈主题：以山林课程为例，谈自然教育的重要性

访谈对象：袁巷中心幼儿园喻兴艳、王忠芬、陈紫嫣

访谈时间：2022年7月20日

访谈实录：

主持人：听众朋友们，你们好！随着科技的发展，现在的孩子大多远离了大自然。他们被电视、手机等吸引，缺少与自然亲近的机会，从而引发了一系列身体、行为和心理上的问题，例如肥胖、注意力不集中、孤僻、抑郁等。孩子与大自然割裂的现象已经越来越普遍。关于自然教育，我们句容最南端的袁巷中心幼儿园做出了很多有益的探索。他们的山林课程活动，受到了同行和家长的高度肯定。今天我们特别邀请了袁巷中心幼儿园的喻兴艳园长、王忠芬副园长、陈紫嫣老师和我们聊一聊他们的山林课程，和我们说一说自然教育的相关话题。

主持人：喻园长，您好！

喻兴艳：小蕾，您好！听众朋友们好！

一、山林课程的缘起与价值

主持人：喻园长，能向我们简单介绍一下你们的山林课程吗？

喻兴艳：要介绍山林课程，首先要解释一下什么是山林。我们说的山林，不仅仅是有山和树木的地方，更是资源、是幼儿生活的所有场所。我们的山林课程是指带孩子行走于山林之间，以行践知，事上磨炼，不断激

一所大山脚下的幼儿园

主持人：喻园长的介绍非常专业。我理解的山林课程，就是把孩子带进大自然，玩中学，学中玩，对吗？

喻兴艳：小蕾，您理解得很准确。

主持人：袁幼的孩子大多生在山林、长在山林，他们应该并不缺少与自然接触的机会，那为什么还要开展山林课程呢？

研究水稻

喻兴艳：要回答这个问题，我觉得要从三个方面来说：

第一，从现实问题出发。

在我们农村，依然存在孩子的真实生活与自然割裂的现象。他们虽然生于山林、长于山林，但是大部分孩子活动的范围其实一样局限在家庭和幼儿园之内，"两点一线"。脱离了实实在在的社会生活环境，依然有孩子认为花生和土豆是长在树上的，依然分不清小麦和韭菜，分不清大蒜和小葱。

稻田边的写生

第二，从幼儿园的独特资源出发。

我们袁巷坐落在素有"江南小九寨"之称的瓦屋山脚下，地处句容最南端，南与溧阳、西与溧水搭界。这里群山环抱，山清水秀。幼儿园周边也有丰富的树林、农田等自然资源。

随着幼儿园课程建设的发展，我们意识到，我们课程的生长点不仅在园内，还可以在园外，要打破围墙式的教育把孩子带出去，让孩子在大自然中学习、体验和探索，于是就有了我们的"山林课程"。山林课程实施以来，教师把视野投放到幼儿园以外更广阔的空间，带领孩子们与大自然、大社会广泛接触，获得了更加全面的发展。

第三，从国家人才培养的要求出发。

2012 年教育部出台的《3~6 岁儿童学习与发展指南》明确提出："经常带幼儿接触大自然，激发其好奇心与探究欲望""支持幼儿在接触自然、生活事物和现象中积累有益的直接经验和感性认知""引导幼儿关注和了解自然，逐渐懂得热爱、尊重、保护自然"。可见，自然教育本身就是国家人才培养的重要内容。

主持人：听了喻园长的介绍，我了解了，山林课程基于现实问题出发，站在国家人才培养的高度，非常好地利用了幼儿园周边独特的教育资源，尤其是自然资源。那喻园长觉得山林课程最重要的教育理念是什么呢？

喻兴艳：山林课程的教育理念那一定就是自然教育了！

二、自然教育的价值

主持人：喻园长，自然教育的话题在全世界非常流行，是比较前沿的一个教育理念，目前在国内热度也越来越高。那到底什么是自然教育呢？

喻兴艳：谈到自然教育，让我想到曾经看过的一本书《林间最后的小孩——拯救自然缺失症儿童》，作者是美国作家理查德·洛夫。作者在书中提到一种现象叫"大自然缺失症"，指的就是现代儿童与大自然的割裂现象。小蕾，刚刚提到不少孩子有肥胖、注意力不集中、孤僻、抑郁等现象，这都属于典型的"大自然缺失症"。原因就在于长期以来，我们的文化传统和教育观念，忽视了让孩子们了解自然、关注自然、关爱自然。

主持人：听您这么一说，自然教育确实是现代教育非常重要的一个内容。

喻兴艳：对呀！如果要解释什么是自然教育，回答可能有一点书面化：自然教育让孩子走进自然，利用游戏让孩子观察与体验自然，在这个过程中打开孩子的视觉、听觉、触觉、味觉、嗅觉等感官通道。让他们与自然亲密接触，认识自然规律，汲取自然智慧，与自然产生联结。孩子通过亲近自然的活动，认识到自己就是自然的一部分，自发地成为绿色公民。

主持人：听您这么一说，我对自然教育有了一定的了解。但是现在不少家长总是利用假期让孩子参加各种各样的培训班，过度关注孩子的学业成绩，不觉得自然教育多么重要。喻园长，您能介绍一下自然教育有哪些价值吗？

喻兴艳：您说到的培训班现象确实非常普遍。现在国家出台的"双减"政策正是扼制这些现象的有效措施。幼儿园本身要杜绝小学化倾向，从幼儿的特点出发，以游戏为基本活动，让孩子们在游戏中学习和发展。这里说的"游戏"不仅指室内游戏，更包括户外游戏和自然探索。要说自然教育的价值，我觉得可以归纳为四个方面。

第一点，**自然教育能促进孩子生理发育，让孩子的身体更健康。**

孩子早期的发展，更多的是从感觉刺激开始。在自然中游戏恰恰能够非常好地为孩子提供丰富而又全面的感觉刺激。就拿孩子在户外草坪上踢足球为例，孩子可以闻到草的清香，感受到风吹在皮肤上的舒适、阳光照射在身体上的温暖等。如果孩子在室内足球场或人工塑胶草坪上踢足球，就会缺少这样的感受。

主持人：原来在自然中踢球和在室内踢球也有这么大的区别。

喻兴艳：是的，大自然是孩子最好的游戏场。接下来，我想讲的第二点就是：**自然教育能激发孩子的探索欲望，让孩子的**

山里有条迷人的小溪

思维更活跃。在自然环境中，一块石头或者一片树叶，都能成为孩子的玩具，能激发他们的想象力、创造力。比如孩子在大自然中玩水，可以了解到水的颜色、气味，探索各种玩水的游戏等。孩子在游戏的过程中积累的关于大自然的经验与知识，都可以为他们进入今后的学习做好准备。

主持人：孩子们看似在自然中玩耍游戏，原来其实都是在学习，或者为今后的学习做准备啊！

喻兴艳：对的。对学前阶段的孩子来说，游戏就是最基本，也是最重要的学习方式。游戏本身就是学习，孩子通过游戏来学习。自然教育的价值，除了以上两点之外，还有第三点——社会性方面的价值：**自然教育能促进孩子社会性发展，让孩子更合群**。

在自然环境中的游戏，更容易吸引不同的孩子在一起玩耍。孩子也能从这样的"小社会"中积累初步的社会交往能力，变得更合群。小蕾，您看：在户外，互不相识的孩子在一起放风筝。他们中有熟练的、有初学的。熟练的孩子能够自如地放着自己的风筝，并乐意向初学的孩子展示与分享自己的技术、快乐，孩子之间能够自然且轻松地互相学习。而且，孩子在自然中游戏与其他场所的游戏相比，所感受到的同辈压力或来自父母的压力相对都较小，孩子的学习更有自信心。

主持人：尤其对那些性格内向的孩子，自然的环境能够让他们的心理更放松，也就能和小伙伴们玩到一起去了。

喻兴艳：您说得非常对！这就是大自然的力量！第四点，**自然教育还能提高孩子的审美体验，让未来生活更浪漫**。大自然的山川草木、鸟兽虫鱼都具有无与伦比的美，是所有美的源头活水。学前的孩子置身于大自然，能够自然地感受它的大美和灵气，提高审美体验，让生活更浪漫。

三、世界各国的自然教育

主持人：听了喻园长的介绍，让我意识到自然教育对孩子的一生都有重要影响，确实非常重要！那除了国内，喻园长再给大家介绍下其他国家自然教育的内容吧！

喻兴艳：其实，自然教育在其他国家开展的时间更早，内容也非常丰富。当前最流行的当属德国的森林幼儿园了。目前，德国已有超过1500所森林幼儿园。为了让孩子回归大自然，森林幼儿园通常没有教室，孩子们可以爬树、玩火，即使在下雪天，他们也在户外玩耍。孩子们不是间接通过书本学习，而是通过与大自然实物的直接接触而学习，孩子们的观察力自然而然变得敏锐，他们的学习及探索动机也会源源不断。

主持人： 爬树、玩火，那老师和家长们不会担心安全方面的问题吗？

喻兴艳： 一般来说，在没有保护的情况下，孩子们更懂得如何保护自己。其实，世界上没有绝对安全的场所和环境，真正的安全是孩子的安全防范能力和自我保护意识。我们幼儿园提倡，大部分情况下老师和家长不插手孩子做的事情，只是保证孩子们在自己的视线之内。孩子们在没有老师和家长插手的情况下会更能发挥想象力，会自己权衡危险，会自己学习，会互相学习，从经验中学，从失败中学。

主持人： 这样的森林幼儿园真是太棒了，令人向往！

喻兴艳： 除了德国，韩国也非常重视森林教育。韩国森林覆盖率达63%。韩国山林厅从 2008 年开始在全国的休养林和树木园中运营儿童森林体验项目，进行森林教育，就是与地方幼儿园合作，每周或每月定期对儿童开展两到三天的森林教育，由十几位具备专业生态知识的森林导师深入幼儿园指导。研究人员经过多年的跟踪调研发现，相比没有受过森林教育的孩子，受过这种教育的孩子在自信心、注意力、学习积极性、语言能力、交流能力、行为习惯、身体素质等方面更为突出。此外，森林教育对身患自闭症、焦虑症等心理疾病的孩子也有很好的治疗效果。

主持人： 大自然真是太神奇了！它不仅可以提高孩子的学习品质，还可以疗愈滋养孩子们的心灵！

喻兴艳： 是的。大自然的力量是无穷的。日本非常重视孩子的自然体验学习，"修学旅行"就是非常有特色、很受学生喜爱的内容之一。一般来说，城市学校的修学旅行会定在山区，出发集合地点不是在学校，而是在目的地的车站，就是为了锻炼学生们自己查时刻表、查路线的能力。住宿也不是集中住在某个旅馆，而是去农家借住。第一天帮借住的农家干农活；第二天与农家交流联欢活动；第三天顺着河流行走，沿途参观博物馆、寺院等。学生们通过三天的修学旅行可以体验不一样的风土人情，留下了极其深刻的印象。通过这些自然学习和集体生活，孩子们不仅增长了见识，而且学到许多书本上学不到的知识，诸如与同学的合作能力、人际交往能力、生存能力等。

主持人： 这样的旅行一定会让孩子终生难忘，真的是在生活中学习啊！

喻兴艳：没错，在生活中学习，生活本身也是一种学习。

四、山林课程活动案例

主持人：听了喻园长的介绍，我们了解到，原来世界各国都在自然教育方面有很多经验和做法。现在我特别想了解，你们袁巷中心幼儿园的山林课程是怎么围绕自然教育理念开展具体活动的呢？

陈紫嫣：主持人好！下面我给大家简单分享一下，我们的山林课程一般有出访活动和来访活动两种形式。出访活动是我们山林课程的标志性活动，带孩子走出去，更多的是对周边自然资源的探索；来访活动就是请进来，把资源带进幼儿园，拓宽孩子的视野，丰富课程内容。

每学期我们都会带小朋友们开展一些出访活动，有时我们会去瓦屋山里开展活动，这类的活动大概是一上午的时间。从坐车出发到开展活动再到坐车返回，小朋友们全程都非常兴奋和开心，一路上叽叽喳喳地讲个不停。除了到山林里开展活动之

送给老师的头环

外呢，我们还会利用周边的资源开展活动，我们农村幼儿园周边都是农田、池塘，自然资源十分丰富。我们会带小朋友去田里挖山芋，去水沟里捞螺蛳等。外出活动看起来只有几个小时，但实际上在前期我们需要做大量的准备工作。每一次外出前，我们都需要亲自去查看场地，检查场地的一些安全隐患并一一排除，以及了解有哪些可以利用的资源。我们也会拍摄一些场地的视频、照片，回来给小朋友们看，和他们一起制订计划，讨论这一次"你想去做什么，需要准备哪些材料"。在外出前我们也会和小朋友一起商量讨论制定外出大家需要遵守的规则等。

对小朋友来说，每一次的出访活动都让他们无比期待！记得在2019年的一次出访中，有两个小朋友让我印象很深刻：一个是毛毛，他周末和奶奶外出时不小心被自行车夹到脚了，整个后脚跟都破了。周一周二还在家休息，周三他妈妈送他来上学时，他只能穿拖鞋。当时我还和毛毛妈妈

途中

讨论过周四的出访活动他是否能参加。周四那天一大早，毛毛妈妈就给我发信息说："陈老师，毛毛非要来参加今天的活动，他说穿鞋子脚疼不要紧，忍忍就好了，你看他可以来吗？"我回复说："当然可以，他想来就来！活动时我们会多关注一下他，毛毛妈妈请放心！"还有一个叫可欣的小朋友，活动前一周她在家摔了一跤，破了好大一块皮，好几天没来上学，出访那天她闹着要来参加活动，非要妈妈送她来上学。你看，这样的活动对孩子们是多么有吸引力呀！

我们每一次的山林课程出访都非常好玩。大家都玩过捉迷藏的游戏吧，那在树林里如何捉迷藏呢？有一次我们开展一个叫"隐身于山林"的活动，就是在大山里捉迷藏。小朋友们在电视上看到解放军叔叔穿的迷彩服，知道了要想隐藏得好，就要把自己装扮得和周围环境很像。于是大家就用麻绳打结做衣服，然后在山里捡地上的树叶、树枝贴在上面，穿在身上，往地上一趴，还真的隐身了。还有一次活动叫"到大山里来冲浪"，让我印象非常深刻。你们听到这个名字是不是会纳闷，山里如何冲浪啊？这个游戏是小朋友想出来的。山里有很多的山坡，于是他们想到了利用山坡的坡度来冲浪。我们提前准备了一些防水布铺在山坡上，小朋友们从上面滑下来，他们说感觉就像在冲浪一样。

隐身于山林

主持人： 这些活动听上去真的是太好玩了！那你们一年四季的进山活动有什么区别呢？

陈紫嫣： 当然是有的。刚刚我提到的活动就比较适合秋冬季节玩。而每年春天我们有一个传统活动叫"山林的馈赠"。瓦屋山里有大片的竹林，到了春天小春笋们就冒出来了，每年我们都会带大班的幼儿去挖笋。在出访前，我们会请竹园的主人林爷爷来园做一个来访活动，小朋友们会准备一些关于挖笋的困惑、问题咨询林爷爷。然后我们再一起去瓦屋山挖笋，把挖到的笋子带回到幼儿园，大家一起剥笋子，交给厨房做成菜肴，大家一起来品尝笋子等。到了夏天，我们会和小朋友们一起去山里的小溪玩水、玩泥巴，或者去幼儿园附近的水沟里摸螺蛳、钓龙虾等。秋天，我们会带他们在幼儿园周边的农田帮助农民伯伯收山芋。冬天会带他们在雪地里畅快地玩耍，探索冰和雪的秘密。

挖山芋

发现雪的秘密

主持人： 刚刚我们听到的都是大班幼儿的一些活动，那么其他年龄段的幼儿如何开展活动呢？

陈紫嫣： 除了刚刚分享的大班幼儿的活动之外，我们小中班的幼儿开展的活动也是非常有趣的，考虑到小中班幼儿的年龄和能力，我们开展的活动大多以感官体验为主，比如我们小班的幼儿开展过"在春色里打个滚"的活动，在幼儿园附近的紫云英田里看一看、摸一摸、闻一闻等，通过多方位体验来感受春天。中班的幼儿则开展了"一路寻春味"的活动，从园内到园外，把春天的美味都吃进嘴巴里，通过味觉来感受春天。

在春色里打个滚儿

主持人：现在我终于能理解为什么孩子们对山林课程如此喜欢和期待！连我也想变成一个小孩子，参与到你们的山林课程中来呢！

陈紫嫣：非常期待和欢迎更多的大朋友、小朋友加入我们的山林课程，一定会给你们带来意想不到的惊喜！

五、家长可以带幼儿开展的自然探索活动

主持人：王园长，现在的家长都很年轻，大部分都是"90后"，他们接受的大多是应试教育，在他们的成长过程中自然教育也是不够的。对这样的年轻父母，您在自然教育方面有什么好的建议？家长可以带孩子开展哪些自然探索活动？您可以和我们谈一谈吗？

王忠芬：好的，小蕾。自然教育的核心就是顺应自然，家长可以和孩子一起走进自然，亲近自然。亲近自然的方式有很多，家长们可以结合自身的情况和周边的资源因地制宜地开展一些活动，比如种植植物、饲养动物、玩沙玩水玩泥巴、观察自然现象等，都是比较好的方式。

饲养蚕宝宝

就拿种植来说吧。农村的家长，可以带着孩子来到田间地头，让孩子也参与种植农作物的活动，做一些他们力所能及的事情。比如，家长在播种时可以让孩子播撒种子，过程管理中孩子可以帮忙锄草、浇水、施肥，收获时孩子可以捡捡稻穗、麦穗，

踩踩油菜等。也可以带着孩子来到菜地，参与四季蔬菜的种植活动，孩子们在种植的过程中可以认识各种蔬菜，见证蔬菜从种子到发芽、生长、成熟的整个过程。

对于城市的家长来说，可以在家中开展一些小型的种植活动，在阳台水培或土培一些蔬菜；也可以选择种植一些水果的种子，比如波罗蜜、枇杷、柿子的种子，观察它们发芽，让孩子了解种子发芽需要什么条件，见证种子神奇的力量。还可以种植一些四季花卉，和孩子一起等待花开。

主持人：王园长，说到植物种植，我有一个问题：植物生长周期比较长，幼儿没有耐心，家长要怎么引导呢？

王忠芬：说到耐心，其实没有哪个孩子天生就有很大的耐心，也没有哪个孩子喜欢长时间的等待。在植物种植过程中，家长首先要培

记录发现

养孩子的任务意识。我们可以和孩子一起准备一个植物生长观察记录本，定期和孩子进行观察、记录和表征。其次，在植物生长的关键节点要引导孩子去观察，比如植物发芽、长叶、开花、花落、结果的时候，都需要家长引领孩子去观察、发现。最后就是和孩子一起解决问题。在植物生长过程中，可能会遇到植物枯萎、生虫等情况，家长可以利用这个契机和孩子一起解决问题，是水浇多了，还是水浇少了，是什么原因生虫；也可以查阅一些资料，或者向有经验的人请教，找到解决的办法。解决问题的过程就是学习的过程。在见证植物生长的过程中，孩子的专注力、坚持力自然而然就养成了。

主持人：植物种植的确是很好的亲近自然的方法。我家的孩子特别喜欢小动物，比如看到街上有卖小兔子的，就不肯走，非要在那里看，还要带回家养着。

王忠芬：是的，孩子们是非常喜欢小动物的，他们很想和小动物亲近。在动物饲养方面我想讲两点。第一，户外观察。有条件的家长，可以利用

假期带孩子到野生动物园或水族馆去观察一些动物，引导孩子观察并感知动物的外形特征和生活习性，知道动物是多种多样的；也可以就地观察各种家畜、家禽、飞鸟、昆虫，如蚂蚁、瓢虫、蚯蚓、蜻蜓、蝌蚪、天牛等。第二，室内饲养。可以结合家庭情况，在家里饲养蜗牛、蚕宝宝、乌龟等。在养殖的过程中孩子们不但可以了解小动物的生活习性，也能加深孩子对小动物的情感及形成对生命的尊重和热爱。

主持人：有一些孩子会害怕动物，比如我的孩子就比较害怕毛毛虫，该怎样帮助孩子克服恐惧的心理呢？

王忠芬：孩子对一些小动物表现出恐惧是一种正常的心理，尤其是一些胆小的孩子很容易出现这样的情况。孩子为什么会恐惧小动物呢？可能有以下一些原因：一是父母或长辈经常用动物来恐吓孩子，如"你不听话，让大狼狗把你拖走"；二是可能被小动物伤害过，比如被蜜蜂蜇伤过的孩子就特别害怕蜜蜂；三是受到周围人的影响，比如家长会不自觉地把自己的恐惧心理传染给孩子。

自制滑索

家长需要循序渐进地帮助孩子消除对小动物的恐惧心理。可以通过绘本《我藏起来了》《蚯蚓的日记》、纪录片《动物世界》等，让孩子理解动物的某些行为是应激反应和自我保护。只有了解才会理解，只有理解才有热爱，一旦热爱，他们的恐惧心理一般会自然而然地消失。当然，孩子喜爱动物并不代表就不要做必要的防护，在观察某些动物的时候，要注意不要让孩子靠得太近，做好防护与保护工作还是十分必要的。在动物园观赏的时候也要遵从动物园的相关规定。

快乐的童年怎么能少了玩水、玩沙、玩泥巴呢？家长可以和孩子一起玩。如果周围没有玩沙的地方，我们可以在家创造条件：准备一个大一点的木盆或塑料盆，将沙子过筛，洗干净，晾晒干透后放入盆中，添加一些辅助的小工具，孩子们在家就可以玩沙了。可能会有家长说，玩水、玩沙、玩泥巴多脏啊，不怕孩子感染细菌生病吗？其实只要玩过之后，立刻洗手或者洗澡，注意卫生就可以了。

水缸上的冰与雪

雪地里

　　家长还可以利用一年四季的自然现象，帮助孩子走进自然、亲近自然。我们可以和孩子感受一年四季温度的变化，可以用温度计测量室外和室内的温度，感受温度对人们生活的影响。自然界中的冰、霜、雨、露、风、雷、雾、云，都可以带孩子去观察和认识。春天我们和孩子们一起感受万物复苏，听鸟儿鸣叫；夏天一起聆听雷雨声，欣赏雨后的彩虹；秋天一起捡拾落叶，看大雁南飞；冬天和孩子一起堆雪人，打雪仗。

下树叶雨

主持人：王园长，我了解了。大自然是与儿童生命成长最契合的教育资源，家长要梳理孩子可以在自然中学习的理念。而我们家长，要去做一个陪伴者、引导者、支持者。

六、结束语

喻兴艳：新冠疫情席卷全球，自然保护、野生动物保护议题再次成为全世界、全社会的热点话题。大家都深刻地意识到：大自然可以没有人类，但人类不可以没有大自然。我们希望通过自然教育、自然体验唤醒孩子的生命意识，塑造他们健全的人格，让孩子学会珍惜生命、关爱生命、关爱自然。其实，我们的山林课程也刚刚起步，今后还需要付出更多的努力。我们希望和孩子们、老师们一起走进山林，走进大自然，感受"万般皆奇迹"，期待孩子们拥有一颗终其一生都无法被摧毁的"惊奇之心"！山林课程欢迎您的加入，袁巷中心幼儿园期待您的到来！

主持人：非常感谢喻园长、王园长、陈老师做客"一起成长"栏目，让大家深入了解了山林课程，认识到自然教育的重要性，以及我们家长们带领孩子开展自然探索活动的具体内容和方法。相信大家听了本期节目会有很大启发。亲爱的家长、亲爱的听众朋友们，一年四季都是美好时节，让我们共同携手，把孩子带进大自然这个最美的教室中，让他们回归自然，给他们最有意义的教育吧！

山林之上
——基于山林资源的村园课程建设之路

各位同仁：

大家好！

我来自江苏镇江句容。镇江是一座美得让人吃醋的城市，我的家乡句容是镇江的一个辖市区。句容有三山：道教第一福地茅山、律宗第一名山宝华山、"江南小九寨沟"瓦屋山。

我们的幼儿园就坐落在素有"江南小九寨沟"之称的瓦屋山脚下，这里群山环抱，山清水秀。由于乡镇合并，袁巷镇变成袁巷村，幼儿园也成为一所标准的乡村幼儿园，园内现有 4 个班，幼儿 97 人，教职工 21 人，占地 11 亩。可能大家觉得像我们这样一个地处乡村中的幼儿园，我们的小朋友一定是在大自然的怀抱中长大的吧？其实事实并非如此！我们农村孩子的真实生活也是幼儿园、家庭"两点一线"。在家里，家长忙于农活，孩子常与手机和电视为伴。在幼儿园，虽然花木果树资源丰富，但是利用率不高。我们一直在思考：如何将我们山村丰富的自然、社会和人文资源与幼儿的生活联结，将这些自然资源转化成幼儿的学习资源，以此来建构属于我们自己的园本课程？

近 10 年来，我们的课程建设经历了三个阶段。

第一阶段（2014—2015 年）：满园是竹

2014 年 9 月，幼儿园完成异地搬迁后，我们便开始着力打造园所文化，也开始有了初步的资源意识。瓦屋山中有大片竹海，因此丰富的竹资源便成为我们关注的焦点。户外植物种植、竹器械设计、室内竹玩具、幼儿竹游戏……处处是竹，事事与竹有关。幼儿园的吉祥物竹娃代表着"正直""有节""虚心""向上"等。所有走进幼儿园的人都能明显地感受到幼儿园浓郁的竹特色和竹文化。园中竹资源统计如表所示。

这一阶段的问题在于，我们把所有的注意力都放在了"竹"这个字上，资源利用过于单一。

园内竹资源统计表（2015 年 6 月）

序号	名称	数量	位置
1	紫竹	210 棵	南围墙边
2	慈孝竹	1 大丛	香樟园
3	金镶玉竹	25 棵	教学楼后小竹林
4	刚竹	16 棵	教学楼后小竹林
5	四季竹	38 棵	教学楼后小竹林
6	箬竹	1 片	行知园
7	凤尾竹	3 丛	沙地边
8	佛肚竹	2 棵	大门门厅

第二阶段（2015—2018 年）：一草一木皆资源

2014 年 11 月，我园成功申报江苏省第一批课程游戏化项目园。受项目的影响，我们的教育理念得到更新，发生了一定的变化。幼儿园不能只关注对竹资源的开发，而应创造更自然的生态环境，让幼儿园像花园、像果园、像乐园。再看看我们刚刚搬入的新园，教学楼前 1800 平方米的塑胶场地几乎占据了一半的户外活动面积，成为我们心头之痛。整整一学期，我的心里都是两种声音在打架：铲？还是不铲？铲，可能会遭到领导的反对，要忍一时之痛；不铲，则是永远的痛。2015 年 5 月，我们怀着忐忑的心情向镇政府和教育局领导提出了我们的想法，得到了领导们的支持。于是，我们找来铲车，铲除了近 300 平方米的塑胶，开辟了百花园，这是我们的第一次铲地。2015 年 7 月，我们第二次铲地，将大门口处的草坪向塑胶地延伸 100 平方米，开辟了香樟园。2017 年 7 月，我们第三次铲地，把百花园向南延伸至南围墙，扩大了百花园的面积。接着又第四次铲地，将传达室东边的水泥地铲除，开辟了行知园。4 年时间里，幼儿园通过 4 次铲地新增花木果树 30 余种共计 119 棵，为幼儿的学习创造了更多机会。各班的园本活动就是从对大树跟踪观察开始的。几年来，我们积累了一定数量的探究园内动植物的观察案例，幼儿园的自然资源开始与幼儿的学习建立起关系。

在这个阶段，我们对资源的利用开始多元化，但更多的是关注自然资源，而对社会资源和人文资源的关注和利用不够。

我园的课程建设陷入瓶颈，未来的道路怎么走？作为一名园长，这个问题一直困扰着我。

第三阶段（2019—2022年）：大自然、大社会就是活教材

2018年12月28日下午，我站在幼儿园三楼的平台上看着远方。此刻，形如屋脊的瓦屋山山脉在雨后更加清晰。作为一个土生土长的袁巷人，我对这片土地有着太深厚的感情！我生在袁巷，师范毕业又分配到袁巷工作，一干就是24年。眼前的瓦屋山是我最热爱的家乡，更是一座宝藏：这里有几百万年形成的瓦屋山山脉，大小山头13个；有千年前形成的大片次生林、瓦屋竹海；有60年前形成的灌溉水体，大小水库14个；有近百年的移民文化，袁巷村民近1万人，汇集了来自河南、山东、贵州、云南等各地的移民，老百姓至今保留着原籍的传统风俗习惯。这里还有社会主义新农村的政治、经济、文化的新模式，大小社区5个，果园、农场数十个；在这里，全国道德楷模赵亚夫十几年如一日，带领袁巷村民开展有机农业试点，把论文写在大地上，两次被习近平总书记接见，还作为党的二十大代表参会，他的先进事迹在本地家喻户晓。所有这些共同构成了当下袁巷儿童的生活圈。我们的课程应当立足于"山林"，更应超越"山林"。当天我在日记中写下这样一段话："山林课程，带孩子行走于山林之间，以行践知，事上磨炼，不断激发好奇与创造，同时也更加专注、克制与自我约束。他们在大自然、大社会中边玩边学，由体行而产生经验，由经验而产生反思，并升华为智识。"

（一）自然是最好的老师

山林课程的探索对我们来说是极大的挑战，首要任务就是转变教师的资源观和课程观。一个月之后的寒假，2019年1月28日，我邀请几位老师到我家中，召开了山林课程的第一次教师研讨会。这次研讨会上，山林课程的想法得到了大家的一致认同。老教师们回忆起自己小时候最难忘的时光，都与大自然有关，爬山、玩水、捉虫、露营……那些儿时美好的回忆让人一生难忘！而大多数"90后"年轻教师也是自然教育缺失的一代，难以产生共鸣。现在很多孩子和成人深陷手机、网络不能自拔，很多人并未意识到我们已经离大自然越来越远了。在现代社会，患上"大自然缺失症"

的不仅有孩子，还有很多成人，也包括我们的教师，所以年轻教师在大自然方面素养的提升是推进山林课程迫切要解决的问题。

2019年开学之初，我们组织全体教师第一次进山。我们分成4组，上午分别前往板栗园、李塔水库、盆景基地、那田山水农庄，中午会合后，各组进行分享、汇报、交流。很多年轻教师还是第一次进山直接感知山林地形地貌、气候、动植物种类，了解水质、土质等。当老师们走进山林，看着碧蓝的天空，品尝甘甜的山泉水，闭上眼聆听风声、鸟鸣、人语，畅快地呼吸着带有泥土气息的空气，大家兴奋了、陶醉了，也更憧憬了！这一切是大自然馈赠予我们最好的礼物。这次进山唤起了所有教师的兴趣、热情和欲望，为后续山林课程探索奠定了重要的基础。此后，组织教师进行资源调查和体验成为我们教研的常态。教师的资源观和课程观的转变，为我们突破课程建设瓶颈带来转机。

（二）资源在出访与来访间流淌

一切在室内开展的幼儿活动，实际上都可以在户外进行。幼儿把大自然作为老师，他们的学习体验在当下生成，即刻发生。出访是山林课程的标志性活动，每次出访活动我们都精心筹备。我们坚信，最好的安全教育就是给孩子挑战的机会，每一次出访首先要确保幼儿安全，同时要保证每次出访的质量。幼儿园制定了《山林课程出访活动原则》《山林课程出访活动管理要点》等规定，绘制了出访活动流程图。出访又分为三个阶段：初访、正式出访、回访。初访阶段，教师确定访问地点，做前期准备。部分幼儿随教师一起初访，这样可以探究幼儿兴趣点。正式出访阶段，前一天做访前的准备工作，后一天在园内进行分享延伸活动。最后是回访阶段，则是根据幼儿问题和兴趣点，重返现场去进行验证或寻求更多的答案。每次活动前的初访策划踩点、活动中的出访组织、活动后的回访及延伸反思，都要经历多次研讨、反复审议。

几年的山林课程探索，我们形成了出访前中后"三步曲"模板，以保证每次活动质量。

1. 出访前

周边环境资源考察、与幼儿一起计划出访主题、发放家长同意书。

出访前：材料准备

出访前：周边环境资源考察

2. 出访中

（1）到园准备

准备户外探索工具箱、材料包。

出访中：到园准备

（2）园内晨会

确认出勤、外出注意事项讨论、外出活动内容交流，任务分配。

出访中：园内晨会

我们出访啦！

（3）山林初探

沿路做标识、熟悉周边自然环境。

出访中：山林初探，借助指南针了解方位

出访中：山林初探，沿路做标识

（4）主题活动

主题活动"搭建树叶帐篷"

（5）自然点心吧

出访中：自然点心吧

（6）自由探索

出访中：自由探索

（7）圆圈会

回顾与分享今天的收获和问题（重在让孩子说体验、说感受）；清点工具材料，收拾整理。

出访中：圆圈会

3. 出访后

回班布置山林游戏区。

2019 年至今，袁幼的孩子们走遍了袁巷的山山水水，分别前往瓦屋山、李塔水库、智慧农场、土山土水，以及幼儿园周边的农田、池塘、小树林等处，累计出访幼儿 1000 余人次，参与出访的家长志愿者有 100 余人。

春天，乡村的田野处处生意盎然，孩子们走出幼儿园，一路寻春味，尝美食。在袁巷，村民有着春分吃"七头一脑"（香椿芽头、枸杞子头、茼蒿菜、苜蓿头、蕨菜头、扁豆头、小蒜头、菊花脑）的习俗。让我们跟着孩子的足迹，看看他们找到了哪些野菜吧。孩子们找到了香椿头，香椿头可以煎蛋；孩子们找到了野蒜，野蒜可以煎饼；孩子们找到了荠菜花，荠菜花可以煮蛋（老人们都说吃了荠菜花煮的蛋能辟邪消灾）；孩子们找到了叶子像锯齿一样的菊花脑，菊花脑可以做汤（喝菊花脑汤能明目，预防近视）；孩子们还找到了野笋、蒿子、乌饭树……春天袁巷的田野里，还有一种特有的肥料，就是草籽。智慧的农民在种稻前先在地里撒满草籽。初春，草籽长出肥美的叶子，叶子成为家家户户餐桌上都必不可少一道美食，不花钱、无农药，纯绿色有机食品。半月左右之后，草籽开出紫色花瓣，田野变成花海，孩子们可以在花海里尽情欢呼、奔跑、打滚、撒欢。因为很快农户就会把草籽连花带叶翻进田里做肥料，所以翻地前孩子们可以在花海里随意地玩耍。

夏天，是玩水的好时节。山里有很多迷人的小溪。每年初夏，小溪是孩子们必来之处。摸螺蛳、捞蚌壳、用泥巴做花瓶，连随手捡到的竹片、PVC管也可以玩出许多花样。在幼儿园对面有很多小水沟，让我们一起来看看孩子们在水沟里有哪些收获！（播放视频《走，捞螺蛳去》）

秋天，瓦屋山里大片树林的叶子飘落满地，形成了一张厚厚的地毯。"隐身于山林"，是这个时节特有的游戏。如果觉得藏在落叶里隐蔽性还不够，孩子们还会采来树枝把身体遮掩得更加严密，犹如小小野战军。行走在深秋的山林，脚踩着落叶有节奏地发出"刮嚓刮嚓"的声音。老师用捡来的酒瓶敲一段节奏，孩子们立刻用脚踩落叶回应一段树叶踢踏舞。（播放视频《树叶踢踏舞》）

因为秋天地面上落叶足够厚，在这个时节爬树是最安全的，即使偶尔摔下来也不会受伤。当然，除了爬树之外，孩子们还有很多勇敢的表现，让我们跟随一段视频和孩子们一起走进山林，开始一段探险之旅吧！为了爬上那个陡坡，孩子们经历了三次失败，但是仍然不放弃，最后终于成功登上坡顶，战胜了陡坡，更战胜了自己。（播放视频《山林小勇士》）

冬天，山林馈赠我们满山的冬笋。冬笋与春笋不一样，春笋笋尖会冒出来，很容易找到，而冬笋藏在土里，如果没有经验很难找到它们。林爷爷是我们袁巷小学的退休教师，住在大山脚下，虽已80岁高龄，身体依然强壮硬朗。我们幼儿园聘请他为我们山林课程的资源导师。挖笋既需要力气也需要技巧，一不小心就会把笋子挖断。每年挖春笋、挖冬笋，孩子们都离不开林爷爷的帮助。挖回来的笋子，孩子们要自己想办法动手剥出来，经过洗、切、煮，变出一道美味大餐。这道美味既是笋的味道，也是山林的味道，更是幼儿园的味道。

我们出访的时间有时候是一上午，有时候是一整天，这取决于幼儿当天的状态。在每一次的出访中，幼儿兴趣是满足的、情绪是高涨的、游戏是灵动的、探索是积极的、表达是个性的、人格是乐观的。每一次的出访，都是对幼儿体力和意志的考验。在出访中，我们看到平日少言寡语的幼儿会变得活泼、主动；内向孤僻的孩子会变得大胆、自信；遇到困难，他们总能团结合作，齐力克服。幼儿们在出访中勇敢、主动、投入、专注，让人感动，更让人敬佩！

出访意味着"走出去"，来访则意味着"请进来"。来访活动更多的是对社会资源、人力资源的利用。几年来，幼儿园邀请了大量来访者走进来，把资源带进幼儿园，拓展幼儿的视野，丰富课程内容。我们邀请鸟类专家来园和孩子们一起研究香樟园的两个大鸟窝；邀请养蜂专家带着蜂箱蜂巢来园，给孩子解答"小蜜蜂是如何把花粉变成蜂蜜"的疑问；我们邀请民间艺人带孩子捏泥人；邀请赵亚夫爷爷来给孩子讲水稻种植的故事，让他们懂得"谁知盘中餐，粒粒皆辛苦"。幼儿园的种植活动，离不开有经验的爷爷奶奶的帮助；每次山林出访活动，也都有年轻爸爸妈妈做志愿者来给孩子保驾护航。

全国道德楷模赵亚夫来访

警察叔叔来访

养蜂专家来访

中央美院画家来访

几年的山林课程建设中，幼儿家长是数量最大的来访群体。我们通过来访活动，让我们农村家长的教育理念也发生了转变。他们因为了解而理解，因为理解而支持。我还清楚地记得，前几年有家长因为孩子玩泥弄脏了衣服和老师吵得不可开交。现在，家长们加入了我们的山林课程，积极参与支持我们的活动，成为我们重要的合作伙伴，更是山林课程重要的人力资源。

鸟类专家郝夏宁来访　　　　　　　　民间艺人来访

（三）万物兴歇皆自然

除了出访和来访，作为中国传统文化重要组成部分的节日节气，也是我们山林课程的重要课程资源。我们根据不同阶段幼儿的年龄特点，选择与幼儿生活紧密相关的、可感知的、有代表性的节日节气，整合各类资源，建立节日节气与幼儿生活的链接，丰富幼儿的经验。

在百花园内，高低不同的木桩分别代表二十四节气，从立春、雨水直到大寒依次排列。节气木桩不但可以作为户外锻炼器材，也可以让幼儿直观地感知一年的长度。每到一个节气，教师都会带小朋友去给相应的节气文字涂色，二十四个节气桩涂完，意味着一年的结束。老师们会制作节日或节气相框，简要介绍相关知识和故事，然后这个相框在相应时间或节气内就会呈现在大厅，直到下一个节日或节气的到来。春天，清明前后，种瓜点豆，园长妈妈会给全园每个小朋友送一些种子。每天幼儿来园的第一件事，就是观察、记录、讨论种子的生长状况，整个过程中幼儿都会精心照顾种子。如果种子没有发芽，幼儿们会寻找原因并会向园长妈妈申请新种子，进行第二次种植。在照顾种子的过程中，幼儿们渐渐养成了坚持、专注、耐心等宝贵的学习品质。百花园内有三棵茂盛的桑树，夏天小满养蚕便成为我们的传统活动。秋分到，昼夜平分，阴阳平衡，护蛋竖蛋。冬至来，用我们自己种植的菠菜榨汁和面，搓彩色汤圆，包翡翠饺子。立冬起，全园开始收集幼儿园里的落叶。落叶不是无情物，化作灰肥更护春。幼儿们将搜集的落叶烧成灰烬，我们称之为"灰肥"。用灰肥给幼儿园的果树沃肥，还能给树治病防虫害。来年，果树回报给幼儿们以丰硕的果实。万物兴歇皆自然，四季轮回，我们整合园内外各种资源，建立资源与课程的链接，幼儿们在春夏秋冬的交替中游戏、生活和体验。最后，让我们在中秋活动的视频中感受资源的价值和课程的力量。（播放视频《我对月亮许个愿》）

山林课程的探索是一次自下而上的课程改革。山林课程中，教师的角色更像是幼儿的学习伙伴，他们在探索中与幼儿一同探索、一同发现、一同成长，这个过程对教师课程建设水平是极大挑战。课程建设经验需要时间积累，但随着农村幼儿园办园规模的减小，我们从2019年的9个班急剧缩减到现在的4个班，教师流动性也随之增加。成熟教师的频繁调出和新教师的调入让课程实施中的具体问题增多而且难度加大，对山林课程管理提出了更为严峻的考验。我们期待在县域范围内，借助有同样课程愿景的姐妹园的力量，结合成山林课程研究共同体，大家合力前进，共同提高。我们邀请幼教同仁、专家、领导们来到我们的幼儿园，和孩子们一起走进山林，感受"万般皆奇迹"，期待大家都拥有一颗终其一生都无法被摧毁的"惊奇之心"！

（2022年11月　中国学前教育研究会第二届圆桌会议主题发言）

山林课程精彩集锦：

附录

附1：记录孩子们第一次进山

这学期我园开展了园本课程——山林课程，明天也就是本周四，我们大一班全体小朋友和老师将与园内行政领导一道，走进山林去探索自然、发现自然。为了将幼儿引入开放式的自然探究，我们两位老师做了一些前期的准备工作。

首先，我们为每位幼儿准备了手套、手铲、放大镜、压舌棒、书写板夹、记号笔等，让每位幼儿都认识了这些工具，并教会他们每种工具的用途，同时让他们以表征形式记录下这些工具。

外出的约定

我们引导幼儿讨论了以下问题：进山之后怎样保证自身安全，怎样保证动植物的安全，在观察自己所发现的东西时应该怎样做，如何做才能成为好的小小自然学家？每个幼儿都踊跃发言，他们讲述完之后并以绘画形式记录下来。

　　其次，我们给家长写一封信，向家长描述幼儿在成为小自然学家过程中所获得的科学知识的重要性，同时征得家长的同意让孩子外出进行探究活动，并向家长了解每位幼儿是否存在对植物有过敏反应的情况，这样我们老师可以提前准备好一些药物。

　　最后，引导幼儿讨论：在山林里会看到什么（如动物、植物等）？并在自己设计的小方格中打"√"。每次幼儿们都很兴奋地讲述自己想遇到或者想看见的小动物、植物、房屋等。

外出工具准备　　　　　　　　在户外可能看到的

　　明天我们就要走进山林，我与孩子们一样很期待，也期待着孩子们的收获！

（袁宏凤写于 2019 年 3 月 20 日）

　　今天对于大一班的孩子们和 3 位老师来说，都是非常重要的、值得期待的、兴奋的一天！因为今天大一班的所有小朋友要集体进山了！

　　昨天放学之前和小朋友们交代了进山要准备的东西及时间安排等，今天早上 8：15 之前，大一班的小朋友除了陈太玺以外全部到达班级，并整理好了自己的工具和书包（本次外出共 24 人，有 1 人请假，武静怡咳嗽很严重在医院挂水）。按照之前小朋友自己分好的组，3 支小队伍准时从班级出发了。这 24 个小朋友里，有两个小朋友让我很感动。一个是毛毛，毛毛周末和奶奶外出时不小心被自行车夹到脚，整个后脚跟都破皮了，周一周二还在家休息，周三妈妈送来上学时，他还只能穿拖鞋。我也和毛毛妈妈商量着周四的活动他能否参加。然而今天一大早，毛毛妈妈就给我发微信说："陈老师，毛毛非要来参加今天的活动，他说穿鞋子脚疼不要紧，忍忍就好了，你看他可以来吗？"我说："当然可以，他想来就来吧！活动时让老师多关照一下吧！"还有一个是郑可欣，郑可欣上周在家摔了一跤，肚子下面破了好大一块皮，好几天没来上学，今天她也积极地要来参加活动。可见孩子们对这样的活动是多么憧憬的呀！

今天我和董妈、朱珠一组，带着 10 个小朋友在毛竹园活动，这一组的小朋友把今天的活动称为"寻找宝藏"。在这一上午的"寻找宝藏"之旅中，发生了不少趣事呢！

夏俊皓向毛竹园前进的时候，他兴奋地高声大叫："宝藏！宝藏！我来啦！"

在挖洞的过程中，他总是冲在第一个："我来挖！"挖了一下之后又突然跑开："啊！我好怕啊！"过了一会儿他又自我安慰说："我不怕！我要变勇敢！"小朋友矛盾的内心啊！

今天洪荣俊发现了一个洞，告诉大家这是毒蛇洞："爷爷告诉过我，毒蛇住在洞里，它喜欢放一块大石头在洞口。"其他小朋友都非常相信他说的话，跟着他到处挖毒蛇。他还告诉我这山上的毒蛇都是他养的！在山顶上他还养了兔子，兔子旁边还有马！对了，他还编了一句打油诗：毒蛇洞，毒蛇洞，毒蛇跑到山顶上！小朋友的想象力真是天马行空啊！

今天我们这组出发的时候分成了 2 批，我和董妈带着夏俊皓、洪荣俊、陈柯融、汪杨慧、雷海宁、裴传旭几个小朋友先走，朱珠带着庄永皓、张雨嘉、陈太玺后来的，中间有接近 20 分钟的时间差。当庄永皓、张雨嘉、陈太玺赶上我们的时候，他们老远就张开双手跑过来，和先来的小朋友紧紧地拥抱在一起。幸运的是，我正拿着手机，拍下了这组照片。两批孩子重逢的瞬间，他们脸上的笑容和紧紧拥抱在一起的画面，都定格在我的手机里了。

远远地看见小伙伴

短暂离别后的拥抱

活动结束后回到班级，小朋友们虽然很累，但是依旧坚持收拾好所有的工具，还迫不及待地和我及其他小朋友分享外出发生的事情。今天中午吃饭的时候，大一班的小朋友吃得格外快，饭菜汤也都解决得格外干净，午睡的时候入睡得也格外快！（连用 3 个"格外"，可想而知，他们今天有多饿，有多累……）

中午我们又在教工之家进行了研讨，与其他两组交流分享经验，再结合本组的活动，我有以下几点思考。

一是教师的分工，不能局限于哪位教师拍照，哪位教师记录，哪位教师负责安全，还是要分人头去跟踪。

二是工具，虽然在前期我给孩子们准备了一些基础工具，但是在活动的过程中发现准备还是不够充分，比如缺少捉虫子的工具。在野外，很多虫子我们都不知道它们是否有毒性，今天小朋友们都是直接用手抓的，我们还是要准备一些捉虫子的小工具。

三是在两次的户外活动中，我们发现书包对小朋友来说很碍事，背着太重，不方便取工具，每次脱、拿很费力。

四是外出坐车的顺序，今天我们这一组被分成了2批坐车，中间形成了约20分钟的时间差，对我们的整个活动还是有很大影响的。

五是整理户外活动带回来的东西及后期的活动，对我来说是最烦琐的事情，也是需要好好思考的事情，当然这也是对于大班3个班的老师的考验。

以上5点为本人结合其他外出老师的分享的一些思考。总的来说今天是兴奋的、期待的、紧张的、疲惫的一天！也是我们开展山林课程重要的一天！

（陈紫嫣写于2019年3月21日）

走进山林

身在幽山中

山脚下发现一棵羊奶子树

将羊奶子树成功移栽到幼儿园

园长感悟

当陈老师告诉我毛毛和可欣如此坚持和执着地想要参加山林课程出访时，我被两个孩子深深打动了。孩子们的这份坚持和执着，就是我们山林课程在实施过程中克服重重困难的最大动力。

附 2：出访随想

漂流日记今天由我带回家，是因为今天是我们大三班很重要的一天——我们全班幼儿都进山啦！我和前一篇日记的作者戴雪茹老师是搭班教师。上个星期的周四、周五分别是大一、大二班进山的日子。从她们宝贵的经验总结中，我们班今天也顺利完成了带全班幼儿第一次进山的使命。这都得感谢今天所有协助我们的各位老师、门卫袁师傅、保育老师曹盼还有亲爱的园长。

之前的准备就不再赘述了，我想多分享一些我的感受。我是从中班（2017 年 9 月）开始带这个班的，因为一直对孩子们有着课程游戏化的理论实践和园本资源的开发与利用方面的引导，所以他们成长到现在，自身已经具备了"小小探索家"的气质。这是我的个人感受。还记得刚开始做园本课程时，孩子们需要我们引一步走一步，他们很少主动地去发现身边的事物并观察它们。经过一年多的引导后，只要我们来到户外，他们就会以发现新事物为乐趣，也总能主动地分享他们发现的东西，并绘声绘色地形容他们所看到事物的形状、颜色等一些基本特征。他们对周围的植物、动物产生了很强的好奇心，甚至在室内也同样如此。我感到非常欣喜。我看到的收获，不仅仅是一项课程的推进，还有孩子们从内部开始发生的转变、推进。我想这是每一位老师最引以为傲的事了！

树叶下面藏着什么

小小探索家

有人认为，教育的最高境界是唤醒孩子尊重生命的认知，教育的目的应当是向人传送生命的气息。因此，教育之"育"该从尊重生命开始，使人性向善，使人胸襟开阔，使人唤起自身身上美好的"善根"。一位日本教育家说过，要培养"面对一丛野菊花而怦然心动的情怀"。

这些让我想到了这学期之初我在分享交流会上向大家推荐的两本书。一本是《童年的王国》，另一本是《少有人走的路》。《童年的王国》里说：孩子不仅给我们带来了快乐，更重要的是他们把我们重新引入真、善、美的世界。植物与土地是共同有机体这种观念，如果在百年前就被传达给孩子，也许就不会有过度砍伐和过度开采，地球也就不会像今天这样充满污染了。作者斯坦纳对于"以身作则"的看法更是令人深思，他指出有些学校和社会教育教的是一套，做的却是反其道而行的另一套，还以为这样不会影响教育效果。但是斯坦纳告诉我们，孩子不是学你说什么，也不是学你做什么，而是学你真正的样子。

回到我们当下做的事情本身：我们为什么开展山林课程？举一个小小的例子，前几天孩子们在地上发现了一只七星瓢虫，想也不想，就用脚将它踩死了。我目睹了整个过程。但我并不想告诉孩子们一些道理，更不想指责、批评，而是问他们："你们觉得它会伤害你们吗？"孩子们都说"不会"。我又问："它有没有生命？""有……"我跟他们说：如果下次再看到一些小生命，只要它不伤害你，你就不用去管它，或者你可以用纸巾把它移到旁边去。我们需要学会和动物和谐共存，人类和大自然需要和谐共存。以上的这番话我并不清楚孩子们明白了多少，但后来他们又发现七星瓢虫时，假如它挡住了他们的路（在地上），他们会用手或者纸巾轻轻地将它移到旁边，他们的第一反应也不再是踩死它了。

　　孩子的内心可以接受很多超乎我们想象的信息。我在分享会上的想法依然没变：无论这个社会有多的浮躁，无论何时、何地，我们都不能忘记，我们是教育工作者，人类灵魂的工程师！人类文明的进步，一直都是少数人走在前面，带动着大多数的人前进。我们需要这样的精神，这样的情怀，这样的勇气，支撑着走下去。

（王阳写于 2019 年 3 月 25 日）

大三班第一小分队

大三班第二小分队

走向板栗林深处

园长感悟

　　老师将课程的推进和孩子内心发生的改变作为一件引以为傲的事，我为老师的这份情怀和勇气而感动！当孩子们看见七星瓢虫时，不再用脚去踩死它，而是学会与七星瓢虫和谐共存，我们的教育就成功了一大步。感谢漂流日记让我看到老师内心真实的想法和更深层次的思考，这种精神层面的交流弥足珍贵！

附3：大自然的力量

冬天是一个藏着很多秘密的季节。在这个季节里，大自然赋予孩子们最广阔的教室，里面有取之不尽的课程资源。为了让孩子们走进大自然，拥抱冬天，探寻冬天的秘密，感受冬天的美好，体验出访的快乐，我们开始了山林课程探索，中二班的孩子们即将走进瓦屋山。

中班年级组在山林课程开始前做了大量的准备工作，讨论了活动中需要准备哪些东西，制订了活动前的计划和准备，并邀请家长志愿者一同参与了此次活动。上午8：30左右，中二班的孩子和家长志愿者、老师一起坐上了大巴车。因为有了以前坐车系安全带的经验，孩子们一上车就主动系上安全带，真要给我们小朋友的安全意识点个赞！一路上，孩子们叽叽喳喳，兴奋地交流着沿途的风景——104国道、林山、上杆村、上杆水库……这些沿途风景都是上一次出访时园长在车上介绍过的。看来我们的园长不但可以做个好园长，也可以是一个出色的导游哦！

到了指定地点，孩子们有序地排队下车，吴老师给协助的老师做了分工和人员分配，这些任务在前一天就对我们交代过，今天又再次强调：我和江云的任务是带着5个孩子开展寻宝活动，保证孩子们在我们的视线范围内，但是不要随意干扰他们的活动。孩子们找到了一个小土坑，开心地寻宝啦！朱宇航首先发现了小土坑里有长短不一、粗细不同的树根。徐长哲发现了一截枯枝，孩子眼里的枯枝不是枯枝，而是一个大大的"1"。因为一截枯枝，引发了孩子无限的想象：桂乐一说把它横着放就是一个大写的"一"。夏李豪受到了启发：他找了一根小树枯枝把它折成"7"。活动由"寻宝"转化成了"识字"。根据《指南》的要求，要尊重孩子的兴趣，支持孩子的兴趣，满足孩子的兴趣，我和江老师引导孩子们用树枝展开拼字活动。孩子们拼了一个"王"字，又拼了一个"土"字……我们惊讶孩子的想象如此丰富，感动于孩子的创造力！山林课程的开展让我们重新认识了孩子的另一方面的发展，对孩子的评价也就更加真实。说实话我和江老师带的几个孩子一直都是沉默少语的，但是今天我们看到了以往在集体活动中从不开口的孩子，他们的内心同样是丰富的，能力同样是棒棒的！识字活动告一段落，孩子们又发现了一条自上而下的小沟，开始讨论起小沟是如何形成的。还有的孩子自发开展了攀爬、跳跃等活动。

孩子们今天的活动已经远远地超越了我们的预设内容。此时，教师就可以反思一下在预设活动时是否真正考虑到了孩子的兴趣、需求和能力。当孩子开展教师预设之外的活动时，教师应当采取什么样的态度来支持孩子的兴趣，是否可以换一种方式完成活动目标，这也是高质量开展山林课程必须要进一步研讨的一个重要部分。

（何清芳写于 2021 年 12 月 22 日 ）

探索

愉悦

发现

记录

园长感悟

　　山林课程让我们看到了孩子们平时没有机会展现出来的另一面，这就是大自然最神奇的力量。感谢每一位在组织山林课程活动中积极支持、大胆引导和适时帮助孩子们的老师们！你们是最了不起的老师！

附 4：安全与冒险

早上 8：20，我跟随大班年级组，乘坐大巴车一起出发了……

今天的目的地是瓦屋山下磨盘林场的一处板栗园。

根据幼儿园山林课程计划，我园将 2021 年 12 月 7—10 日四天定为中班、大班山林课程出访日，7、8 日阳光明媚，正常出访；9 日一早下起了毛毛细雨，结合天气预报，预计有 50%的下雨概率，出访活动因此取消，今天是上次出访未完成的延续……

先说说 7 日那天第一次出访，早上 8：20 第一趟车准时出发了，我乘坐第一趟车，车上载着大二班的小朋友，一路欢歌笑语地来到目的地，然后车子回头去接大一班的小朋友，由于路程不是太远，一趟来回也就 20 分钟左右时间。9：00 刚过，第二趟车子就到了。选好驻足地，稍作安排之后，孩子们便三个一组开始分头活动了，他们像哥伦布发现新大陆一样，惊喜的叫声此起彼伏……

"老师，这里有蘑菇！""老师，这里有红色的果子！""老师，这个树上怎么还挂着牌子呢？""老师，那边有竹林，能不能进去呀？"有胆大的孩子早就爬上了板栗树，炫耀地说："谁有我高！"本来勇气不够的几个孩子在他的带动下也纷纷爬上板栗树，脸上绽放出开心的笑容和得意的表情，此时我的心却已经提到了嗓子眼。果不其然，没坚持几分钟，一个孩子准备下来的时候，脚下一滑，身子临空，正当就要坠落之际，他的衣服被树枝挂了一下，我一个箭步上前抱住了他。尽管这样，孩子的肚皮还是被树枝划出了一道小小伤口，好在没有大碍，有惊无险。其实山林活动中危险无处不在，尤其是板栗园，地上满是厚厚的板栗外壳，刚到的时候，就有一个孩子不小心跌倒，一只手着地，手上沾了不少小小的绒刺，他只能被迫提早结束了这次活动，回幼儿园。活动结束前，我们为了满足孩子的好奇心，走进了幽静的竹林，在里面孩子们纷纷合影留下了美好记忆……

又是一路欢歌笑语，11：20 左右我们安全回到出发地点——袁巷中心幼儿园。

通过这次活动，我有以下几点思考：

首先，要端正安全观，不能因噎废食。最好的安全教育是给孩子挑战的机会，最大的危险是孩子不知道危险。

其次，要教给孩子自我保护的方法，也要做好必要的防护措施。

最后，家长也要做必要的防护措施和安全监护，例如戴手套、陪同时不玩手机等。

（姜精柏写于 2021 年 12 月 20 日）

在田野里

园长感悟

安全是把"双刃剑"。户外环境和冒险的活动势必比室内活动隐藏着更多的安全风险与隐患。但恰恰同时，这样的活动反而让孩子们多了一份自我保护的意识和安全防范能力。偶尔的受伤与在活动中培养出来的勇气和毅力相比，更多家长选择后者，这也是山林课程实施以来，没有一个家长拒绝让孩子参加活动的重要原因。

附5：小桶培育的不只是水稻
——小桶水稻栽培活动的几点收获

幼儿园所在地天王镇位于宁镇山脉，属于低山丘陵地带，岗坡山地众多，森林植被丰富，山涧水系发达，具有多样的自然生态景观。这里山清水秀，物产丰饶，一年四季景色宜人，是句容南部旅游带上的一颗璀璨明珠。这里拥有耕地面积4707公顷，勤劳而质朴的劳动人民世世代代躬耕在这片沃土上，形成了独特的农耕文化。幼儿园就坐落在素有"江南小九寨"之称的瓦屋山脚下，由于乡镇合并，袁巷镇变成袁巷村，幼儿园也成为一所标准的乡村幼儿园，园内现有4个班，幼儿97人，教职工21人。

全国脱贫攻坚模范、全国道德楷模赵亚夫在江苏省镇江句容市天王镇戴庄有机农业专业合作社的土地上，带领大家种植水稻、葡萄、桃子等。

"要致富，找亚夫"，这几个大字不仅写在了戴庄村的路标上、村委会大楼最显眼的地方，更写进了老百姓心里，成为他们口口相传的致富"秘籍"。幼儿园所在地紧靠着戴庄，紧靠着有机水稻种植基地，对于我们学习小桶水稻的种植有着得天独厚的条件。赵亚夫老先生还为幼儿园题字"袁幼人，有德人"。

自赵亚夫老先生在镇江市中小学幼儿园推广小桶种植水稻以来，幼儿园就成为第一批"校村牵手兴农人，亚夫精神薪火相传"主题教育实践活动学校。成为主题教育实践活动学校两年来，幼儿园的一只只小桶不光培育了颗粒饱满的水稻，更使得孩子们的各项能力在培育小桶水稻的过程中得到了发展。

一、小桶水稻种植激发幼儿热爱家乡的情感

为了更好地种植水稻，我们在幼儿园靠近小舞台的地方，布置了一面墙，墙上有赵亚夫研究水稻的巨幅图片和受到习近平总书记接见的照片，还用图文并茂的方式介绍了小桶水稻从选种到收获的全过程。戴庄有机农业专业合作社致力于保护生物多样性，丰富、完善生态系统，实现了生态、经济效益双提升，并入选全国首批生态农场。江苏省政府曾三次发文要求在全省推广"戴庄经验",将发展生态农业作为推动绿色兴农、促进乡村振兴的重要措施。我们带领孩子们参观亚夫事迹馆,观看关于赵亚夫种植水稻的小电影,孩子们知道了赵亚夫种水稻,不施化肥、不打农药,至今已有15年。我们带孩子们到他指导的智慧农场产业园聆听怎样种植小桶水稻,看水稻加工成的各种食品,孩子们在参观的过程中,感受到家乡的巨大变化,萌发出热爱家乡的情感。

二、小桶水稻种植培养幼儿的责任意识

德国教育家福禄贝尔建议,儿童拥有个人和集体的种植地,可以促进儿童的责任感和集体感的发展。料理种植地能增强儿童的责任心,提升儿童的鉴别和欣赏力,并使儿童了解事物的产出,增进儿童对自然系统和季节的认识。当前,许多幼儿因为平时缺乏锻炼,很多本来应该会的能力都在"退化",通过照顾小桶水稻,能培养他们的责任感和爱心。在种植小桶水稻的过程中,由几个幼儿共同照顾一桶水稻,从培土、添加肥料、插秧,到施肥、拔草、浇水等一系列过程,他们参与其中,非常期盼自己的小桶里能长出更多的水稻。幼儿之间会进行交流,讨论各自在种植时遇到的问题,同时他们还会比较谁的秧苗长得快。他们早上来园的第一件事,就是去自己照料的小桶水稻那里去看看,离开幼儿园的最后一件事也是看看自己小桶水稻的生长情况再回家。若是发现自己小桶的秧苗死了,孩子们表现得异常难受,会想出各种方法补种上秧苗。在照料小桶水稻的过程中,孩子们的责任意识有所增强。

照料小桶里的水稻

三、小桶水稻种植培养幼儿的动手能力

苏霍姆林斯基说："儿童的智力在他的手指尖上。"可见培养幼儿的动手能力，是加强幼儿脑功能锻炼、发展幼儿智力极为有效的手段之一。《指南》中的健康领域也指出：幼儿应能使用简单的劳动工具或用具。我们为孩子提供了种植水稻需要的劳动工具，诸如小水壶、小锄头、小钉耙、放大镜、尺子等，供幼儿劳动与探索。让他们在劳动中体验"种植、生长、快乐"。幼儿在照料自己的小桶水稻时，尝试使用工具，如小锄头或铲子，手部动作更加灵活、协调。

学习铲土

四、小桶水稻种植提高幼儿的思维能力

小桶水稻的成长需要一个漫长的过程，在这过程中幼儿观察、照顾、纪录水稻的生长情况，大大地开阔了小朋友的眼界。在不同的季节里，水稻的生长情况各不相同。教师从提高幼儿的观察兴趣入手，逐步提高幼儿观察水稻的自觉性。当发现水稻秧苗被晒干了时，鼓励幼儿查找原因，引导幼儿观察土壤的干湿程度，让幼儿知道人每天要喝水，水稻也不例外，秧苗干枯的原因是缺水了，要及时给秧苗浇水。保护幼儿对事物的好奇心，不予以打击。例如：有的幼儿想知道水稻的颗粒到底长好了没有，于是他们就会剥开稻壳看看；有的幼儿为了想看看秧苗是怎么喝水的，而拔出根来观察；有的幼儿给秧苗浇过多的水是想让苗儿多喝水；有的幼儿摘下水稻的扬花想看看到底是什么样子的。诸如此类行为，用成人的眼光去看可能不易理解，但这正是幼儿好奇所在，对于这些教师应积极加以引导，并参与他们共同研究、寻找答案。

幼儿在探索活动中，常常会遇到一些"深奥"的问题。这些"深奥"的问题，一方面在很大程度上增加了幼儿独自解决问题的机会，使之比以往的活动更具有挑战性，幼儿更乐在其中，另一方面还在一定程度上推动了探索活动的深入展开。同时，幼儿在发现问题后，会通过不同途径、不同方式方法收集资料，解决问题。我们开展种植小桶水稻的价值，不单单是增强幼儿的知识与技能，而是设置可以探索的环境，让幼儿自行探索，主动学习。放手让幼儿独立去思考与发现，并创造机会让他们在与同伴共同探讨或争论中寻求解决问题的方法。幼儿通过参与劳动，在劳动中体验快乐，在操作中发展他们的思维能力。

观察自己的小桶水稻

五、小桶水稻种植唤醒幼儿的成果意识

幼儿养成爱惜粮食、节约粮食的意识和行为，是幼儿园德育教育的重要内容。《指南》"遵守基本的行为规范"中提出，要求中班年龄段的幼儿"在提醒下，能节约粮食、水电等"。教育建议中也提出教师和家长应该严格遵守社会行为规则，为幼儿树立良好的榜样。在幼儿园阶段开展培养幼儿节约粮食意识和行为的相关教育活动，能够从小引导幼儿形成正确的价值观念，为今后健康成长奠定坚实的基础。

小桶水稻种植能唤醒成果意识，是理解劳动教育的途径。我们带领幼儿朗诵古诗——"锄禾日当午，汗滴禾下土。谁知盘中餐，粒粒皆辛苦。"说的就是劳动成果来之不易。

通过让幼儿体验种植小桶水稻的艰辛，让他们体会到种植粮食的不容易。再带他们走出幼儿园的大门，去观察田里的农民伯伯怎样大面积地种植水稻，从播种到锄草、施肥、收割，不知洒下了多少汗水，晒黑了脸，累弯了腰，两手磨出了厚厚的老茧，才能收获粮食，从而让他们感受到农民伯伯种粮食的辛苦，让他们意识到要做珍惜粮食的好孩子，不能浪费粮食。

"国家之魂，文以化之，文以铸之。"党的二十大报告指出，"统筹推动文明培育、文明实践、文明创建，推进城乡精神文明建设融合发展，在全社会弘扬劳动精神、奋斗精神、奉献精神、创造精神、勤俭节约精神，培育时代新风新貌"。要求在学生中弘扬劳动精神，教育引导学生崇尚劳动、尊重劳动，懂得劳动最光荣、劳动最崇高、劳动最伟大、劳动最美丽的道理，长大后能够辛勤劳动、诚实劳动、创造性劳动。

我们的小桶水稻种植，不仅不会影响幼儿的学习，反而对幼儿的成长有着至关重要的影响，不仅可以让他们学会劳动技能、增长生活见识，还能强健体魄、磨炼意志，是一项意义深远的素质教育工作。孩子们能在劳动中体会到付出的价值和收获的喜悦，体会到挥洒汗水的快乐。一只只小桶收获的不光是水稻，还有很多很多水稻之外的精神食粮。

（王忠芬写于 2022 年 9 月 15 日）

第二章
我们的节日

“种下一颗幸福的种子”
——第二届阅读节活动侧记

“吴老师，今天我想把这本书带回家和妈妈一起看。”离园时，中一班的佳佳指着《树真好》这本书对吴老师说。吴老师清脆地答应：“好呀！你去借书墙上做好记录，明天记得把书带回幼儿园哦!”这是袁巷中心幼儿园“阅读节”系列活动之一——“好书漂流到我家”期间的场景之一。在袁巷中心幼儿园，每天离园时都能看到小朋友手里拿着借的图书回家阅读。第二天早上入园，小朋友们又会把图书带回幼儿园放回阅读区。

阅读，一直是幼儿园高度重视的工作，幼儿园通过一年一度的阅读节开展一系列形式多样的活动，让每个孩子、每位老师、每位家长都在阅读中收获、成长。

阅读节开幕，园长对家长这样说

家长问题一：“孩子这么小，又不认识字，读什么书?”

园长：“您要这样想，就大错特错了。7—8个月的婴儿就已经具备阅读能力了。在不认识字之前，孩子是以读图为主，更多地需要成人将书的内容读给他们听。在幼儿园，孩子的阅读时间和阅读量是有保证的。每天晨间谈话、午睡前，老师都会为孩子读书。区域游戏时，选择阅读区的孩子会有将近一个小时的阅读时间。回到家里，为孩子读书的任务就需要家长来完成了。”

家长问题二：“读的这些图画书有用吗？考试会考到吗?”

园长：“我想问问大家，上学是为了什么?”“考取好的大学。”“考取好大学是为了什么?""是为了找到好工作。""找到好工作是为了什么?""是为了生活更加幸福。"

园长这样说:

人的这一生的终极目标,就是做一个幸福的人。

而读书,就能让人幸福。

读书,让我们知道什么是善什么是恶,什么是美好什么是丑陋。

读书,是对心灵的滋养。

读书,目的不是识字,也不带任何功利,只是在心里种下种子,一颗幸福的种子。

当孩子的心里有了这颗幸福的种子时,长大才能变成一个幸福的人。

教师不读书,怎能陪伴读书人更好成长?

家长不读书,怎能陪伴孩子更好地成长?

从现在开始,减少一点玩手机的时间,陪孩子一起读书吧!

在此,我向家长朋友提出五个要求:

第一,幼儿园阅读区免费向家长开放,这里都是我们精心挑选的经典绘本,请大家每天借一本回去和孩子一起阅读。

第二,在家庭经济能力允许的前提下,为孩子买一个书柜,为孩子营造一个良好的读书氛围。

第三,在孩子生日的时候,除了生日蛋糕和穿的用的之外,也可以送他们爱看的书作为生日礼物。买书,永远是世界上性价比最高的消费。

第四,如果您的孩子还没有去过书店或图书馆,请务必利用假期带孩子去一趟。书店和图书馆都是免费开放的,在知识的海洋里遨游不用花钱,为什么不带孩子去呢?

第五,欢迎大家把自己的好书和好故事带到幼儿园和其他小朋友一起分享。袁幼"故事妈妈"火热招募中,期待大家的报名和参与!

"让幼儿园的好书更多一点"

幼儿园里有数量充足、孩子喜欢的好书是提高阅读质量的前提和保证。到底哪些书可以称之为好书呢?我们将好书分为两类:第一类是幼儿园购买的世界经典绘本,如松居直推荐的50本图画书,《米菲》系列、陪伴几代人成长的经典故事《拔萝卜》、越读越有趣的图画书《绅士的雨伞》、能看见时间的图画书《小房子》等，孩子看一遍就会爱上这些书而且百看不厌。教育部组织专家遴选、推荐的幼儿图画书也是我们借鉴参考的资源。第二类是班级教师请购的图书，这部分图书是幼儿园新增图书的主体。这些图书大多与孩子近期感兴趣的话题、正在进行的主题活动、各种节日节气相关。例如，中班孩子近期喜欢研究蚯蚓，围绕蚯蚓开展了一系列项目活动，于是老师在班级提供了绘本《蚯蚓的日记》，帮助孩子在更了解小蚯蚓生活习性的同时，鼓励他们以日记书写的方式记录下对小蚯蚓的思考，让孩子学会直面烦恼、珍爱朋友。当幼儿园将更多买书的权利交到教师手上时，就充分调动了教师的主观能动性，大家一起发挥智慧，让幼儿的好书更多一点。

一日四读

阅读阅读，重点在读。幼儿的一日生活中有哪些时段可以安排阅读呢？幼儿园提出"一日四读"，即"入园时间自主阅读""区域时间教师领读""午睡时间集体听读""在家时间亲子共读"。

入园时段是幼儿每天从家庭向幼儿园生活过渡的环节，我们倡导给幼儿创设自主、可多元选择的活动安排。有自主签到、照料自然角、值日生上岗、自主选择区域游戏等活动，这个时段的"入园时间自主阅读"可以满足幼儿更多的个性化阅读需求。区域游戏中，图

教师领读

书的投放带有一定的教育性和计划性，教师会根据活动主题、节日等定期更新图书，例如春节前投放《团圆》《年》等与传统节日相关的绘本。教师会以小组学习的方式开展"区域时间教师领读"，这种小范围阅读的方式非常受孩子们欢迎。每天伴随孩子午睡的不仅有音乐，还有温暖的故事。在"午睡时间集体听读"环节，很多班级都会在这时选择"喜马拉雅"一类的听书软件来播放故事，让孩子们在美好的故事中进入梦乡。为了帮助所有

家庭都能有书可读，幼儿园采用"好书漂流到我家"的方式最大化利用幼儿园绘本资源，让家长轻松实施"在家时间亲子共读"，实现"好书免费读"。

亲子共读

我家书柜大调查

幼儿大班毕业进入小学后，会将更多的时间投入学习。除了在校学习，家庭学习环境也相当重要。为了让每个孩子回到家里拥有一个固定的、安静的、专属的学习区域，袁幼提出倡议——每个家庭在群里晒一晒小书桌。这项工作得到了家长的高度重视和配合。调查初期，有书桌的家庭占比不到10%，通过幼儿园倡议，幼儿毕业前配备小书桌的家庭达到了92%。我们还建议，在书桌的旁边配备专门的小书柜，摆放孩子的书和学习用品，有条件的家庭可以设置个人书房。幼儿园还建议在书桌旁开设家长陪同学习的位置，低年级段孩子的学习离不开家长的陪伴。这是家长为孩子幼小衔接所做的重要的物质准备。

我们坚信，在3到6岁之间就已经了解了"书的乐趣"的孩子，终身都会书不离手。

什么是真正的幸福？生命的意义到底在哪里？一本又一本的图画书已经用不同的方式把答案说得清清楚楚了。在孩子心里种下幸福的种子，让孩子一生做个幸福的人。这就是书的力量，这就是阅读的力量。

（写于 2019 年 3 月 22 日）

阅读节开幕

晒书

阅读节大带小活动

 # 感动于第一届艺术节

今天，袁幼第一届艺术节开幕了！我们全园 8 个班 230 个小朋友，35 名教职工欢聚操场，举行简朴而又隆重的开幕仪式！

今年我们艺术节的主题是"让幼儿创造美"。艺术节怎样过？我们要做些什么？我们还在思考着，我们边做边想边调整，让艺术节在 5 月的每一天生活中流淌而过，让艺术节的活动成为我们真实的生活。

一、先寻找美、发现美

要创造美，必须先寻找美、发现美。先在幼儿园寻找美，幼儿园的天是蓝的、草是绿的、花是香的、果是甜的，这些都很美。除了花草，我们的小朋友、老师都是美的，不仅人美，心更美。

二、创造美、展示美

我们要把艺术节当作才艺展示的舞台。琴棋书画，吹拉弹唱。艺术节展示的不仅有美术，还有表演、歌唱、舞蹈等多种形式。

三、幼儿美、教师美、家长美

幼儿才艺折射出的是教师的才艺。培养"艺术家"的孩子，首先要有"艺术家"的老师，所以，教师的高度决定孩子的高度。亲爱的老师们，你们准备好了吗？

再过 20 多天，在六一儿童节会集中展示艺术节成果。期待那一天不仅仅有孩子的作品呈现，也能看到或感受到教师和家长的智慧。

2018 年的六一儿童节活动筹备过程，留给我六点感动。

感动一：袁幼人的执着。

"让幼儿创造美" 6 个主题字，三个姑娘试了 N 种材料、用了 N 种工具、换了 N 种方法、杀死 N 个脑细胞，最后震撼登场。

感动二：袁幼人的包容。

那个周三，老师们把新学的集体啦啦操跳出了"N 种版本"。啦啦操是六一儿童节活动的重要展示环节，我一时心急便莫名地恼火，当场决定放

学后全部老师留下练习，导致大家推迟 55 分钟下班。我们的老师真好，没有一个人抱怨。尽管这是我当园长 10 年来的第一次发火，但我依然不能原谅自己。感谢大家的包容。我一边惭愧，一边下定决心：以后绝不任性，不"剥削"教师时间。

感动三：袁幼人的默默付出。

今早我 6：20 到园，已经有三位保育员比我提前到了，并已布置好所有孩子的瓦片、泥工、绘画、绘本等作品。我们的保育员，总是做的比说的多。

感动四：袁幼人的舍小家顾大家。

整整一上午，老师们用手机给孩子们抓拍了无数的精彩照片。尽管她们的孩子就在我们幼儿园，却没有一张是自己孩子的。我们有 6 位这样的老师。

感动五：袁幼人的用情。

有两对父母已离异，今天却双双来参加我们的活动，这无疑是送给孩子最好的节日礼物。看得到的是温馨，是家长、老师的用心。

感动六：袁幼人的坚持。

今天公众号推送的，是我们一个老师的处女作。连续 5 个小时，选模板、选照片、编辑文字、网页异常、重新选照片、重新编辑文字、网页又异常、换电脑、换 Wi-Fi，最后求助亲友团……最终才有了一篇出色的公众号文章。幸好我就在场，才知道高质量的美篇背后教师要付出这么多努力；幸好我在场，见证了一个年轻老师的成长。

这就是我们的袁幼人！永远让我感动的袁幼人！你们以袁幼为荣，我以你们为荣！

（写于 2018 年 5 月 31 日）

2018 年第一届艺术节活动集锦：

柿子丰收了

——幼儿园第三届丰收节系列活动之一

每到 9 月开学时，等待孩子们的是满园的果子：脆甜的柿子、酸甜的山楂、细腻水嫩的香梨、甜滋滋的枣儿……这时，幼儿园的第三届丰收节也拉开了序幕。我们大班组的孩子们对那棵挂满了果子的、高高的柿子树充满兴趣，心心念念想要摘柿子。在幼儿园园节研讨中，我们申请将柿子树作为大班组的课程资源，开展系列活动。得到了大家同意后，我们大班幼儿与柿子的故事便开始了。

开学第二周，是我们与柿子大战的第一回合。

9 月 10 日，我们进行了第一次采摘。一开始孩子们兴致很高，都想上去采摘。见场面混乱，我们便和孩子们商量，最终，由张兴宇、李文洁、李子骞、姚世聪、张听睿"出战"采摘，其他孩子则帮忙把柿子收进筐里。最后，我们大丰收，采摘了很多柿子。

中间还有小插曲，吴老师帮助摘柿子时，不小心将衣服、头发都弄上了柿子汁，惹得大家都笑了。

摘柿子

柿子摘回班里后，孩子们又有问题了：到底有多少个柿子呢？到了孩子们开动脑筋的时刻，有人说 1 个 1 个数，有人说 2 个 2 个数，有人说 3 个 3 个数，有人说 10 个 10 个数。根据孩子们的要求，我们开始了数柿子"大赛"。

第一组（1 个 1 个地数）：这组人数最多，他们自己分工，由一个人数，其他人往筐里面扔，结果扔得太快，就数乱啦，最后数了 64 个。

第二组（2 个 2 个地数）：这组有两个人——姚世聪和张语彤，张语彤不太熟练，超过 10 她就数成了 11、13。但姚世聪会数，而且每次还把语彤数错的纠正过来。这组数了 80 个。

2 个 2 个地数

第三组（3 个 3 个地数）：这组只有汪振宇一个小朋友，他数了 9 个以后，就数不清了。

第四组（10 个 10 个地数）：这组有三个人，他们先把 10 个柿子放一堆，再数 10 个柿子放一堆……最后数出来柿子是 80 个。

正确的数字就是 80 个！

10 个 10 个地数

看来第二组和第四组正确率较高哟！数完柿子，我们又进行了称重，一共 8.0 kg，16 斤，这么多柿子咋办呢？有的孩子说可以送给其他小朋友，有的孩子说可以带回家，还有的孩子说可以送给老师。正逢教师节，我们给袁幼每位教职工都送了柿子。

第一次摘柿子活动宛若一场"战役"，吹响了丰收节的号角。

今天，我们进行了第二次摘柿子大行动，方法是用"神器"。在"神器"的帮助下我们再次"大获全胜"丰收啦！孩子们兴致很高，满头大汗也不肯休息。柿子怎么数呢？于是我和吴老师先召集了想数柿子的小朋友来参与。他们把柿子每 10 个排一排，摆着摆着，有趣的图案就出来了，摆到 20 排时，小胖说："已经有 200 个了。"我们一边惊叹小胖的数学能力，一边惊喜，方法就这么产生了。摆成 10 个一排，既可以 1 个 1 个数，又可以 2 个 2 个数，还可以 10 个 10 个数，无须来回搬运柿子，一目了然。小胖知道一排是 10 个，并且能根据排数累加个数，所以由他写了排数，贴在左侧，一共有 22 排，外加 2 个柿子，共 222 个。小朋友对数的概念就在无形中形成了。

下午，我们两个班一起进行"清点"，53 个小朋友分别用 3 种办法数，结果都是 222 只柿子，只是 2 个 2 个数看起来是最难的。清点完了，我们又称了所有柿子的重量，共 22.3kg，相当于一个大班小朋友的体重。

全班一起数柿子

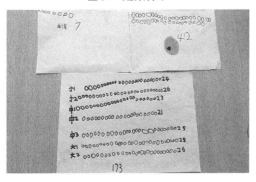

孩子的记录

柿子活动还在火热进行中，经过与柿子的多次"交战"，我们发现，以小组为单位的活动更容易持续，更能让孩子们保持热情，当意向相同的孩子组成一组时，精彩时刻无处不在！

（尹楠写于 2020 年 9 月 11 日）

 **写于第二届体育节之后**

今天的体育节，在全体教职工的精心筹备下取得圆满成功！

用三个词概括，就是：有序！高效！精彩！

谢谢所有人员一个多月的辛苦付出！

谢谢保教处对体育节做出的整体规划、指导和全方位的准备工作！

谢谢各年级组教师制定了具体项目和比赛方案，带领孩子们坚持进行了一个月的艰苦训练，还做了太多大量幕后准备工作。

谢谢全体后期人员在前期和今天的大力协助！

谢谢主持人吴雨燕老师克服严重感冒，依然非常棒地完成全程主持和现场调控！

谢谢所有行政人员在现场倾力配合！

谢谢小班组老师在体育节后还要继续辛苦汇总整理照片、文本，制作公众号推送！

今天中班组拔河时，有家长意外摔倒，前排好几个中班孩子都受了轻伤。乐乐因为去医院检查失去了参加比赛的机会有些遗憾，但明年还有机会参赛。雪茹老师膝盖受伤，还一直坚持在岗做好所有组织工作。为你们的坚强点赞！谢谢你们的理解和支持！

大班组在体育节前的提醒和体育节后的总结反馈值得大家学习！有心之人做有心之事，为你们的有心用心点赞！

在这个简朴又隆重的体育节中，我们再一次看到了袁幼人的凝聚力，看到了袁幼人的智慧和力量！谢谢大家！

2019年即将结束，崭新的2020年必将更加美好！

（写于 2019 年 12 月 27 日）

第二届体育节精彩瞬间：

体育节开幕式

滚轮胎比赛

家长拔河比赛

为运动员喝彩

坚持住，不放弃

颁奖仪式

第三部分
看见的力量

我和我们衰幼人共同坚守的教育梦：办最本真的乡村学前教育！

第一章

送你一朵小红花

❀ 竹笋有多高

一、活动缘起

4月底，一场春雨之后，孩子们散步经过幼儿园的小竹林，紫琪惊喜地叫了一声："快看！那里有一棵很高很高的竹笋！"

孩子们马上上前围住了这棵竹笋，发现这棵竹笋又细又高，下面小半截包裹的笋叶已经脱落，露出了竹竿和竹节。

小竹园里冒出了小竹笋

涵涵："竹笋长大了就变成竹子了。"

小磊："这是小竹园，所以才有竹笋！"

正说着，小金注意到了脚下，地上冒出了很多小竹笋："快看啊，地上还有好多的竹笋！"

夏雨："我找到了！这是我找到的竹笋！"

涵涵："这个竹笋好小啊！（用拇指与食指比画约 3 厘米）它是竹笋

宝宝!"

小磊:"我也找到了一个小小的竹笋!"

老师:"这么多竹笋,哪一棵竹笋最高呢?"

大家异口同声地回答:"紫琪发现的那棵!"

对大班孩子来讲,他们很容易看出这一棵竹笋最高。

老师:"那这棵竹笋到底有多高呢?"

这个问题一下子把孩子们问住了。

大班下学期,老师一直在寻找机会给孩子们开展一次测量的活动。当看到孩子们对竹笋感兴趣时,老师意识到:这是一个绝好的机会!

二、系列测量活动

(一) 竹笋有多高?

1. 这棵竹笋有多高?

孩子们看着那棵高高的竹笋,一时愣住了。这时,紫琪站到竹笋旁边,说:"我来和竹笋比比看。"孩子们发现,这棵竹笋比紫琪高。帅帅说:"让我来比比看。"帅帅是班上比较高的孩子,和竹笋一比,果然比竹笋高一截。又有几个孩子和竹笋比,有的比竹笋高,有的比竹笋矮。

老师:"现在我知道了,你们有的比竹笋高,有的比竹笋矮。可是,我还是不知道这棵竹笋到底有多高啊!"

2. 用轮胎测量

这时,小磊看到了绿道旁边的轮胎,说:"我想到了,我们用轮胎来量。"说着便去把轮胎滚了过来。

小磊想到用轮胎量竹笋的办法,让老师很意外。

原来小磊是要把轮胎一个个摞起来量。在老师的帮助下,小磊和孩子们把绿道边的 7 个轮胎都用上了,结果竹笋比 7 个轮胎还要高出一点。

看着轮胎和竹笋,帅帅忽然说:"我知道了!用尺量,用尺才能量出来!"

所有的孩子恍然大悟:可以用尺量!

"尺就是用来量东西的。"帅帅说。

老师找来了一根 150 厘米长的皮尺。帅帅拉着皮尺的一头朝地下:"要从地上开始量。""对准 0 开始。"小磊一边拉着皮尺的一头沿着竹笋往上拉,一边提醒帅帅要从刻度 0 开始量。当皮尺量到与竹笋一样高时,小磊比画着与笋尖对应的位置，是 117，孩子们量出了这棵竹笋是 117厘米。

3. 一起量小竹笋

老师设计的测量活动，当然不只是测量这一棵竹笋的高度。老师请孩子们每人"认领"一棵竹笋，每天都来量一量竹笋的高度，并记录在自己的发现本上。大部分孩子对这个任务非常有兴趣，能坚持每天都来量并且做记录。从 4 月 28 日到 5 月 5 日，涵涵在发现本上做了这样的记录：6、16、19、23、31。每一页都是一棵竹笋与一个数字（第一次记录和第二次记录之间间隔了三天五一假期）。涵涵的连续测量记录表明，从 4 月 28 日到5 月 5 日，竹笋从 6 厘米长到了 31 厘米。

用轮胎测量

用木条测量

（二）量量自己有多高

1. 我有多高呢？

随着测量竹笋过程的推进，孩子们对测量活动产生了更浓厚的兴趣。老师在科学区投放了直尺和卷尺，还有记录的纸笔，让孩子们充分测量。孩子们拿着尺在教室里量着他们能触摸到的所有东西：积木、作业本、桌子椅子的腿、门、墙，以及自己的手、脚、胳膊，等等。老师想借此机会让孩子了解自己的身高，便买来身高贴纸贴在科学区的墙面上。有了这张身高贴纸，每个孩子量出了自己的身高，并记录在了老师提供的"身高记录表格"上。

用身高贴纸测量

2. 记录三年的身高

小金量过了身高，来问老师："我的身高是 119 厘米。现在我上大班了，我想知道我上小班的时候有多高。"

老师去保健室找来了体检单，体检单上记录着小金的身高：小班 103 厘米、中班 110 厘米。小金将三年的身高记录都记录在了发现本上：103 厘米、110 厘米、119 厘米。

小金的记录

那一天在科学区玩的孩子还有涵涵。涵涵和小金一样也在发现本上记下了自己三年的身高：114 厘米、120 厘米、132 厘米。

对比两个孩子的测量记录，老师敏锐地发现：小金的记录是与数字对应的三个不同身高的小人，涵涵的记录是与数字对应的三个同样身高的小人。看来孩子对数字的大小与身高高矮的理解程度是不一样的。小金已经理解数字越大，小人要画得越高，而对涵涵来讲，不管数字是大是小，小人都是一样高，数字仅仅是个符号。

涵涵的记录

3. 做"纸板人"

怎样才能帮助孩子建立数字大小与高矮的关系呢？老师想到了一个办法：制作纸板人。老师从资源库找来了大大的纸板。

老师："我要把你小班、中班和现在有多高都'变'到这张纸板上去。"

涵涵："要变出三个我吗?"

老师："是的!"

涵涵："我猜到了，是把我画上去。"

老师请涵涵躺在纸板上，先在头顶的位置做了标记，然后沿着涵涵的身体画出了整个身体的轮廓。

涵涵："变出来了! 变出来了! 这就是我!"

在老师的帮助下，涵涵对照中班的身高数字，在那个大大的身体轮廓里画出中班的自己，又画出了小班的自己。涵涵看着三个从大到小的身体轮廓，用手比画着：原来从小班到大班，我长了两个拳头这么高啊!

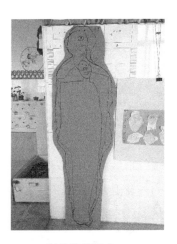

制作的纸板人

（三）王老师有多高?

那一段时间，因为测量活动，孩子常常在讨论谁高谁矮的问题。不少孩子已经能够目测出全班谁最高谁最矮，也能根据数字的大小判断身高相近的孩子到底谁又更高一点。

1. 王老师才是最高的

孩子们发现，全班最高的人是王老师。王老师是个大高个子，平时王老师如果不蹲下来和孩子讲话，孩子们只能"仰视"她。

夏雨："我们班王老师才是最高的!"

帅帅："不对,王老师又不是小朋友。"

小磊："老师当然是最高的。"

涵涵："可是,王老师比陈老师、任老师都要高!"

夏雨和涵涵一起来到王老师那里,问:"王老师,我们想知道你多高。"

王老师说:"那你们要自己量才行。"

王老师听到孩子这个问题时,意识到这将是一个很有趣的测量活动。

孩子们首先想的办法是用身高贴纸来量。他们把王老师拉到身高贴纸的旁边,一比,才发现身高贴纸只有 1.5 米,王老师超出了贴纸一大截呢!看来,身高贴纸量不出王老师的身高。

那怎样才能量出王老师的身高呢?

孩子们有了制作纸板人的经验,于是找来纸板,但纸板还是不够高。最后,他们想到了美工区画画的大卷白纸,大卷白纸打开后很长很长,每次画画时都是用多少剪多少。

孩子们请王老师像制作纸板人那样躺在大白纸上,便开始忙活了。

涵涵："我们先把王老师画到纸上吧! 这样就不会变来变去了。"

2. 接着量才能量出来

尽管画出了轮廓,孩子们还是请王老师躺在纸上,并赶紧找来皮尺。

但是,皮尺只有 1.5 米,问题又来了:从头往脚量,皮尺不够,从脚往头量,皮尺还是不够。怎么办呢?

夏雨："接着量才能量出来。"

小磊："从哪里接?"

夏雨："在量完的地方做标记,就可以接着量了。"

说着,夏雨找来一支笔,在量到王老师小腿处 1.5 米的地方做了标记,又从标记处量到脚跟,是 22 厘米。

小磊："我知道,上面就是 150 厘米了。"夏雨在上面一段记录下 150。

原来,夏雨讲的是运用分段测量的方法,分两次测量。最后在王老师的帮助下,夏雨计算出

记录王老师的身高

王老师的身高是把 150 厘米和 22 厘米合起来，就是 172 厘米。

"是 172 厘米。这就是王老师的身高！"

"哇！王老师好高啊！"孩子们兴奋地说着，同时把王老师的身高记录在了发现本上。

（四）绿道有多长？

随着一系列测量活动的开展，孩子们开始想要测量更高、更长、更有挑战的物体。

一天户外活动时，孩子们又提出了一个大胆的想法："绿道有多长呢？"他们要量绿道！！！

这是一个超级有挑战性的问题，也是一个高难度的问题。

1. 绿道怎么量？

围绕"绿道怎么量"这个问题，孩子们在绿道上展开了激烈的讨论：

涵涵："要用所有的尺来量。"

帅帅："要用很多把尺子吗？"

小磊："一个接一个，不要用那么多。"

小磊说到了量王老师身高的方法，既然没有绿道那么长的尺，就用"一个接一个"的方法来测量。

夏雨："太短的尺不好量。"

涵涵："我家里有一种可以拉出来的尺，很长。"

夏雨："我看见爷爷在田里是用棍子量的。"夏雨指的是农民用棍子丈量田亩。

小磊："我们分工，怎么样？小雅、夏雨，我们三个人一起量。"

帅帅："我来记录！"

孩子们自己进行了分组，有的三人一组，有的四人一组。每一组都找到了测量需要的工具：有 1 米的直尺、1.5 米的皮尺，还有户外的长竹竿（约 1.7 米）。还有些孩子不停地在绿道上跑来跑去，边跑边数，用跨步来测量。

用直尺测量的孩子将直尺紧紧贴着绿道的边，用"首尾相接"的方法，一边量、一边在直尺的末端用粉笔在绿道上做下标记。其他组的孩子也模仿这样的方法测量。

这时，老师提出要求，孩子们在记录测量结果时，要记录"用什么量

的"和"量的是多少"。

2. 剩下的好不好量？

测量结束后，孩子们回班分享测量记录。

帅帅指着直尺说："我用这个尺量的，量的数字是68。"

小金："我用皮尺量的数字是45。"

紫琪："我跑着量的，每次都在变。"

多多："我也是跑着量的，我量的数字是59。"说着把记录本上的数字指给老师看。

老师："还有用其他工具测量的吗？"

夏雨："我和小磊量的一样，记的不一样。"

原来，夏雨和小磊是在一个组，都是用竹竿量的。夏雨记录了竹竿和数字40次，小磊也记录了竹竿和数字40次，但是小磊在竹筒的后面还加了一小段，记录了32。

老师："小磊，可以和大家说说40和32是什么意思吗？"

小磊一边用手比画一边解释："我们用竹竿量了40次后，还剩下一段不能用竹竿量，我又拿皮尺量，是32（厘米）。"

夏雨："剩下的不好量了。"

小磊："剩下的也要量，还没到终点呢！"

小磊和夏雨因为"剩下的好不好量"争论了起来。

在测量前，老师就告诉过孩子起点和终点的位置。

老师想到这个时候正好可以和孩子讨论"误差值"的问题，因为大部分孩子只能接受"刚刚好的""齐齐的"，认为"剩下的"就不能量了。

怎样才能让孩子理解要完整测量呢？顺着小磊的思维和逻辑对孩子们讲解，孩子们可能更加能理解和接受。

老师："量绿道的时候，要从哪里量到哪里才算量完呢？"

孩子们一起说"从起点到终点"。

老师又问："如果量到最后，离终点还有一段没有量，行不行呢？"

孩子们一起摇头说"不行"。

老师："小磊这一组是用竹竿量的，量了40次，还有一小段竹竿量不了，怎么办呢？"

有的孩子说"要接着量"，有的说"再用尺量"，有的说"我刚才也没有量完"。

于是，老师带着孩子们去绿道进行了第二次"补充测量"。那些之前测量后"有剩下的"部分的孩子纷纷根据地上用粉笔做的标记继续量完，并且补充了记录。

小金原来记录的是"皮尺 45"，第二次量完后在"45"后面又增添了"5（厘米）"。

3. 滚尺来啦

直到现在，还是没有量出绿道到底有多长。老师最后拿出了早就准备好的滚尺，推着滚尺走一走，就知道绿道有多长啦！

孩子们都是第一次见到这样的测量工具，非常好奇！老师给孩子们示范了滚尺的用法，孩子们纷纷围着老师，大家一起从起点走到终点，滚尺的计数器上显示出"00068.0"，老师告诉孩子，绿道是 68 米。

用滚尺测量绿道

滚尺测量的结果

顿时有几个孩子惊喜地叫起来："耶！我量的就是 68 米。""我也是 68 米。""我们才是对的！"

原来这几个孩子是用 1 米的直尺测量的，量的结果正好是 68 米。

老师告诉孩子："大家用了不同的测量工具，所以记录的结果不一样，但是大家量的都是对的。"

通过计算，大部分孩子的测量结果确实与实际长度几乎没有误差。

测量绿道

三、尾声

测量完绿道，时间已经到了 6 月下旬，孩子们开始忙碌毕业典礼的事情，测量活动也就告一段落。

毕业那天，我站在大门口向孩子们和家长们道别。一个家长走到我的面前，半信半疑地问我："老师，我女儿说幼儿园的绿道有 68 米，是真的吗？"我说对呀！家长说："还以为孩子说着玩呢，他们怎么能量出那么长的绿道呢？"我坚定地告诉那位家长："要相信孩子！他们往往比我们想象得更棒！"

四、后记

竹笋有多高？在成人看来，这是一个十分简单的问题，然而对一群大班的孩子来讲，要解决这个问题并不容易。他们花了整整两个月的时间，主动、深入、持续地学习测量概念，可以说是一个漫长而艰难的探究过程。

孩子们在小竹园发现了一棵竹笋，对"竹笋有多高"产生了兴趣。教师敏锐地抓住了这个教育契机引发了最初的测量活动。接下来孩子们开展了一系列测量活动：测量竹笋—测量自己的身高—测量老师的身高—测量绿道，在这个连续而又深入的探究过程中，孩子们的学习经历了从"非标准工具测量"到"标准工具测量"、从"标准测量单位的学习"到"非标准测量单位的发现"、从"测量方法的探索"到"测量方法的应用"的过程。整个学习过程都是在小组探索中自然发生的，同时也是在老师隐形的支持和推动下完成的。

在"量量自己有多高"这个环节中，老师发现孩子记录的三年身高变化与身高数字变化不能建立关系，意识到大班孩子理解数的概念是有困难的。老师在这里设计了"制作纸板人"的活动，用可视化的方法再现了孩子在三年中的身高变化，让孩子直观地理解"从小班到大班，长了两个拳头那么高"。这样的设计符合孩子的年龄特点和认知特点，也更加体现了老师的智慧、用心及专业性。

"绿道有多长"环节把整个测量活动推向了高潮。当孩子们提出要测量绿道时，老师并没有一开始就拿出最适合测量绿道的工具——滚尺，而是让孩子自己寻找解决问题的办法。这恰恰是极具挑战的，要用哪些工具、怎么量、怎么分工、剩下的好不好量、怎么记录……在解决这些问题的过程中，孩子通过讨论、实践、记录、表征、再讨论、再实践等方式，主动参与学习，运用了多种测量方法，最终解决了实际问题。活动中幼儿是投入的、专注的，思维是创造性的，情绪是愉悦的，学习是有深度的。

这是 2017 年发生在我们幼儿园的故事，经历这些故事的孩子们现在已经上小学了。每当他们回到幼儿园，总忍不住要去看看我们的小竹园和那条充满快乐回忆的绿道。每当我们再回忆起这个故事的时候，他们的这份学习动力又给予了我们无穷的力量，这份力量将支持着我们继续和一届又一届的孩子们一同学习、成长！

（写于 2019 年 2 月 27 日）

有效互动，促进游戏向更高水平发展

游戏，作为幼儿学习的主要方式，是幼儿园的主要活动。但并不是所有的游戏都是好游戏。教师想当场提升幼儿游戏水平的最好办法，就是评估眼前游戏的质量水平。通常，我们把游戏分成三种不同的水平：

第一种水平，混乱失控的游戏；

第二种水平，简单重复的游戏；

第三种水平，有目的的、复杂的、能够让儿童聚精会神的游戏。

经验丰富的教师知道他们的目的是为幼儿提供支持和"脚手架"，让幼儿游戏达到更高水平。幼儿游戏时，教师有多种方式可以选择，当教师以有助于提升游戏水平的方式与幼儿互动时，混乱的游戏状况通常能得到控制，幼儿从而能以积极的、建设性的方式继续高水平的游戏。

一、引发游戏

个别孩子有时候需要教师去引导启发他加入游戏。如果看到孩子在游戏区漫无目的地闲逛，或他自己没有能力加入游戏之中，我们可以走近询问他想做什么。如果孩子没有任何想法，教师可以提出几个建议供他参考；或者带着他走近正在进行游戏的孩子们，帮助他融入游戏。

玩小车游戏

一个风和日丽的早晨，一群孩子在绿道上玩着新投放的轮胎小车，车轮在路面滚动发出轰隆轰隆的声响，和孩子们欢快的笑声融汇成了一串美妙的音符。这样的场景里，只有林林一人独自坐在绿道边的枣树下，傻傻地看着别人，时不时还在傻笑。教师在一旁观察许久，发现游戏中的孩子每人都有一个小车，原来林林是因为没有小车才不能加入这个游戏。这时，教师走过去建议道："这里已经没有小车了，那边还有其他的玩具，你可以去那边玩。"林林摇摇头："我不想玩别的玩具。"教师了解到今天他的兴趣只在小车上，又提出建议："那我们要想一个办法和他们一起玩才行。"很快，林林想到了一个新的玩法悄悄告诉了老师。于是教师带着他走到推小车玩的小宇旁边，说："小宇，林林有一个很不错的想法，可以让玩小车变得更有趣，你想不想试试？"小宇好奇地问："是什么想法？"林林说："你可以坐进轮胎小车里当乘客，让我来做你的司机，替你开车。"小宇一听，这个主意不错，爽快地同意了。林林成功地加入了这个游戏，他们的玩法还被其他幼儿效仿，又有几个孩子也加入进来，原来独自一人推车的玩法纷纷变成了两人组合，绿道上孩子们的笑声更欢快了。

如果教师发现游戏混乱失控或者幼儿在重复简单的游戏，就需要帮助幼儿引发新的、有建设性的游戏。

玩小车游戏（续）

绿道上两两组合的轮胎小车游戏，很快发展成为三人组合和四人组合，同一辆小车上的"乘客"和"司机"变得多起来，每个组合都希望自己的小车开得更快。推车的孩子都使出了全身力气推小车，小车被推得飞快，坐在车里的"乘客"感到非常刺激，发出一阵阵尖叫和笑声，嘴里还大声叫着："再快一点，再快一点！"游戏场面变得越来越失控，教师在一旁开始担心安全问题，是马上停止这个游戏还是引发新的游戏？教师选择了第二种——引发新的游戏。他找来了一副手套，站在绿道的中间，摆出了一个交警指挥的动作。聪明的孩子们马上明白了教师的角色，原来飞快的小车立刻减速了。此刻教师问道："谁愿意来做交警？"孩子们纷纷举起小手。教师又问："交警一定知道很多的交通规则，你能说出几条？"孩子们你一言我一语开始抢答："红灯停、绿灯行，不可以闯红灯。""开车不能喝酒。""开车不能超速。"……教师鼓励孩子们找来硬纸板和彩笔，制作了各种各样的交通规则标志，挂在了绿道两边显眼位置，挂好后，教师脱下手套给一个孩子戴上。现在，有了"交警"，有了规则标志的提示，游戏变得更加有趣和有序。

二、适时介入和退出

促进游戏水平提高的方法有很多种，适时介入和退出就是有效的方法之一。一旦游戏开始，教师就要观察幼儿在游戏时表露出来的细微线索，从而知道何时介入，何时退出。当看到以下情形，教师就是时候该介入了。

（1）幼儿一次次地重复某些行为。

（2）幼儿在协商角色和职责时变得沮丧起来。

（3）幼儿陆续离开当前的游戏区，留下来继续游戏的幼儿越来越少。

医院游戏

游戏开始了，辰辰穿起了医生的白大褂，乐乐和心怡穿上了护士服，他们在"爱心医院"做好了准备工作，迎接病人的到来。但是过了5分钟还不见一个病人，乐乐着急了，急匆匆地跑到老师的身边，气呼呼地说："老师，怎么一个病人都没有啊？"老师说："再等等呢！"又过了两分钟，乐乐有点按捺不住了，一副无奈的样子，眼神已经游离到了隔壁的小餐馆游戏场地。辰辰也不耐烦了，用笔在处方纸上胡乱地画着。老师看此情形，明白是时候要介入了。于是走上前去询问："请问医生，今天可以体检吗？"乐乐见老师走进来，马上凑上前来，主动问道："可以可以！请问你需要检查哪里？"老师说："量一下身高和体重。"辰辰医生马上开始给老师开体检单，乐乐则很默契地去准备尺和秤，当看到墙上的视力表时还主动问道："要不要再测下视力？"老师同意了。由于老师个子太高，他们没有办法为老师量身高，最后，辰辰想到了办法，让老师躺下来量。小床又太小，睡不下，老师只能躺在地上让他们测量。游戏立刻变得丰富起来，还引来了其他幼儿围观。

从医院游戏中可以看出，由于教师的及时介入，中班孩子的角色游戏的主题有了扩展，情节得到了发展。他们在游戏前能分配好各自的角色，有一定的角色意识。当幼儿游戏时碰到了困难不能继续下去的时候，教师以体检者的身份走入了医院，为游戏打开新的局面。

教师当然是带着最好的意图介入游戏的，但如果逗留得过久，没有适时退出，就可能无意中接管了这个游戏。教师需要反思：幼儿是否是游戏的主人？幼儿是否提出了自己的想法？幼儿是否仅仅是在遵循自己的指导？如果是这些情况，幼儿的游戏水平就可能从高水平回落到了简单重复游戏的水平。教师要学会看懂幼儿在游戏中透露出的线索，明白自己何时退出。

医院游戏（续）

当老师被辰辰要求躺在地上量身高时，好几名幼儿都觉得很好玩，围在医院门口看着不愿离去。老师此时意识到围观的几名幼儿已经对医院游戏产生了兴趣，可以参与到这个游戏中来，而自己此时可以退出游戏了。"嘿，彤彤，还有涵涵，这个体检不错，你们要不要参加？"两个小伙伴点着头愿意参加，辰辰医生见又有两人加入，兴致更高了。"请稍等一下，这里马上就好。"老师很快完成了所有体检项目，离开了医院。医生和护士又忙着去为彤彤和涵涵体检，游戏继续进行，持续了20分钟。

教师要铭记，我们的目标是尽可能地让幼儿主导游戏。当我们有意识地参与其中，想要提升幼儿的认知技能、与同伴互动的能力或是角色扮演的能力时，我们只有为他们的学习提供支架，幼儿才能得到最佳的发展。一旦幼儿达到了目标水平，老师就要退出，让幼儿独立游戏。

三、训练和指导幼儿

教师该如何在游戏中训练和指导幼儿呢？除了在游戏方法上进行指导之外，对于有些幼儿，教师需要在旁边充当伙伴、进行示范，在游戏过程中与之交流。例如在角色游戏中，幼儿可能需要模仿教师的动作，需要教师指导他们如何去做。教师给予幼儿适当的训练和指导，有助于提高游戏的复杂度。

蛋糕店游戏

老师在瓦屋农庄小餐厅开设了一个新的游戏——蛋糕店。蛋糕店里提供了各种制作蛋糕需要的材料、蛋糕盒、订单等。睿睿每天都选择进这个区，但他从不参与制作蛋糕的过程，而是在旁边看着小伙伴们制作各式蛋糕，或者不停地摆弄已经做好的蛋糕。老师观察了几天，对睿睿的行为感到好奇，但并没有干预，只是更加留意地观察。一次，老师听到睿睿说了一句："宝宝的生日蛋糕做好了吗？我要送货去了。"可当他拿到蛋糕的时候只是不停地摆弄。老师这才意识到睿睿是在扮演送货人的角色，只是他并不知道送货人到底该做些什么。这时，老师找来一辆小车，帮助睿睿把蛋糕放到车上，然后拿着订单把装好蛋糕的小车送到娃娃家，老师提醒"妈妈"收下蛋糕后一定要在订单上签字并付钱。在老师的指导下，睿睿带着订单和钱回到蛋糕店，继续给另一家送货。

在这个蛋糕店游戏中，睿睿能够进行角色分配，但不能模仿角色的行为，因为他对送货员的行为没有了解，不具备游戏技能，这时就需要老师进行指导。在老师的帮助下，幼儿对送货员的角色有了一定了解后，才能深入地扮演这个角色。

在游戏中训练和指导幼儿，教师不仅要关注角色游戏，同时也要参与积木区、操作区的游戏和其他感知游戏。教师为幼儿示范如何用不同的方式使用材料，并用语言或其他表征行为描述游戏中思考的过程，将有助于游戏往更高水平发展。

手工区松球游戏

最近，手工区投放了新的游戏材料——松球，孩子们对松球产生了浓厚的兴趣。子涵今天想要用松球做一只仙鹤。他找来了几根树枝，试图用树枝做仙鹤两条长长的腿和长长的脖子，用松球做仙鹤的身体。子涵先用海绵胶来连接树枝和松球，但尝试了好几次，要么松球一碰就掉下来，要么胶用得太多，白色部分露出来很不好看。老师看到这个情景，从旁边的超轻黏土里取出一块，粘在松球的底部，然后把树枝轻轻插进黏土里，这下松球和树枝就成功地连接了起来。子涵这才发现，原来黏土是非常好的连接材料，他用白色的黏土连接了仙鹤的身体和脖子，还用黏土捏出了头的造型。为了让仙鹤看上去更有整体感，老师建议用白色黏土把脖子的那根树枝包裹起来，并延伸到身体以下。在老师的指导下，子涵做出了一只非常漂亮的仙鹤。

对于以上策略，教师可以单独使用，也可以综合运用。在不同的游戏场景中，教师要思考采用哪种策略更能帮助幼儿更有建设性地、更加投入地参与到持久而高水平的游戏中去。

（2017年1月发表于《早期教育》）

🌸 我的规则我做主

　　在幼儿园，每个班的积木区都是备受孩子欢迎的地方，在我们园也不例外。经过连续两天观察大一班孩子在建构区的游戏，我发现康康、南祥、小杰、小瀚4个男孩真是积木区忠实的、执着的爱好者。

　　连续两天，4个男孩都约好共同选择去积木区游戏，他们决定两两分组，合作搭建。康康和南祥在积木区的地垫上搭建了一座"城堡"，小杰和小瀚则在靠近摆放积木的玩具柜前面搭建了一栋"五层酒店"。

　　两天下来，玩具柜上的积木已基本被他们用完，只有被"五层酒店"挡住的一些积木因难以取出而被剩下。而此刻，"五层酒店"已竣工，"城堡"却因工程浩大未能完成。康康和南祥试图小心地取出那些被挡住的积木，可是他们没有成功。眼看着"城堡"面临停工，康康和南祥心急如焚。没有积木了，怎么办？他们一边着急，一边抱怨"酒店"太靠近玩具柜，挡住了柜门，取不出积木，一边想着如何才能获得新的积木。趁小杰和小瀚去其他区域溜达的工夫，康康快速从"五层酒店"最上面一层拿了两块长条积木。南祥看到了，也认为这是个不错的办法，也跟着拿了两块。康康说："只有把最上面一层的积木全部拿掉，才不容易被发现。"南祥觉得有道理。于是，两人用最快的速度将"酒店"的第五层积木全部取下，搭进了自己的"城堡"之中。这一切，没有被小杰和小瀚发现，却被老师完完整整地看在眼里，记录了下来。

　　尝到甜头的康康和南祥继续用这个办法"创造"积木。"城堡"在不断壮大，而"五层酒店"很快只剩下三层。小杰和小瀚回到积木区，发现自己的"酒店"矮了一大截，大叫康康和南祥偷了他们的积木。康康和南祥哪里肯承认，4人在积木区吵得不可开交。

　　游戏结束，评价时间到了，老师把全班幼儿召集在积木区，大家围成一圈，在现场展开了讨论。

　　师："为什么搭好的积木会飞走？"

　　幼1："因为别人的积木不够用，拿了他们的用。"

师："玩具柜里明明还有积木没用完啊！"

幼2："他们搭的房子挡住了柜子，里面的积木根本拿不出来。"

幼3："所以人家才偷了他们的积木。"

康康："我们并没有偷走，我们只是用一下。"

南祥："我们要是去拿柜子里的积木，你们的酒店就全倒掉啦！"

幼4："以后我们不能在柜子旁边搭积木了。"

孩子们的讨论平息了4个孩子的争吵，他们各自都意识到了自己的问题，这更引发了教师的深层次思考。

每学期开学初，幼儿园都要求班级环境里的每个区域都要有游戏规则。大一班制定的建构区游戏规则如下："1. 爱护积木；2. 合作搭建；3. 动脑思考；4. 用完积木放回原处。"

规则本意为大家共同制定或公认的约定，是基于实际问题而产生的，对大家都有约束力。而我们班级制定的游戏规则到底与孩子实际游戏时会发生的问题有没有关系？这样的规则写在纸上、贴在墙上，孩子能不能理解和遵守？这到底是教师的规则还是孩子的规则？

从实际情况来看，墙上的4条游戏规则其实和孩子的游戏关系不大，并无多少用处！

基于问题的讨论最有针对性。孩子讨论的机会，就是制定规则最好的机会。

于是，老师请孩子们把在积木区玩觉得不满意的地方都一一说出来，归纳出如下问题：

问题1：积木搭得太高，倒下来很危险。

问题2：搭好的积木第二天总被人推倒。

问题3：在靠近柜子的地方搭积木会挡住柜子。

问题4：有些小朋友不穿鞋套，把地垫踩得很脏。

问题5：游戏结束后，积木区总是收得最慢。

针对提出的5个问题，孩子们又共同商量讨论出了解决的办法。

办法1：积木搭得超过小朋友的身高，小朋友就要戴上安全帽保护自己。

办法2：小朋友看到"不要推倒"的牌子，就不可以推倒作品。

办法3：在地垫上画条线，只可以在线外面搭积木，不可以越线，离柜子太近的积木必须拆掉。

　　办法 4：不穿鞋套不可以玩搭积木。

　　办法 5：把班上的小闹钟带到积木区，每天放学提前 5 分钟开始收积木。

　　老师请孩子们把这 5 个好办法用图画的方式记录下来，贴在原来贴游戏规则的墙上。新的规则产生了！这才是真正符合孩子需求的游戏规则，基于问题而解决问题的规则，才是每个孩子都能理解，并愿意共同遵守的规则。

（2019 年 5 月刊登于《江苏教育报》）

从哭到笑的 10 分钟

今天我值日，8 点 15 分时，大部分孩子已经入园，大门口还有少数孩子正在入园。只见小班的阳阳被奶奶推进幼儿园，他嚷嚷着："我不上幼儿园，就是不上幼儿园！"我问："阳阳怎么啦？为什么不想上幼儿园？"孩子没有回答，奶奶说："他说鼻子痛。老师，不要紧的。"听奶奶这么一说，孩子情绪更加激动。奶奶也要发火了，用力把孩子往幼儿园拖。我赶快跟了过去，从奶奶手中接过孩子，说："阳阳一定有话想对喻老师说，我们到竹亭下面去，你悄悄告诉我，好吗？"阳阳点点头。

走到竹亭下，我蹲下来问他："现在可以告诉我了吧，为什么不想上幼儿园呢？"阳阳有点委屈地说："我感冒了，鼻子痛。"说着还用手指指鼻子。我说："我知道感冒很难受，我感冒的时候鼻子也会痛，我们俩是一样的！"阳阳又说："我没有力气。"我一听，当时不知怎么回应，大脑迅速思考如何缓解他的情绪。突然想到梦想科技角就在竹亭旁边，这是小朋友们最喜欢玩的地方。"这样吧，我们去梦想科技角玩一会吧，你有力气走过去吗？"阳阳一听，哧溜一下跑进了梦想科技角。我告诉他这里所有的玩具都可以玩。他在三面镜里来回钻了几次，又独自用滑轮运送海绵砖，在小平台上来回跑了几圈。当我打开透写桌灯的时候，他过来主动告诉我："这个我会玩。"说着拿着彩色积木在透写桌上摆弄着，告诉我黄色和蓝色放在一起会变成绿色，还说玩橡皮泥的时候颜色也是这样变化的。我问他："现在鼻子还痛吗？"他手里摆弄着积木，顾不上回答我，对我摇摇头。我静静地不说话，看他玩得专注，也不忍心打断。终于，5 分钟过去了，我看他的情绪已基本稳定了，思考着如何让他结束这里的游戏，但是又担心如果我提出来让他不要玩了回班上去，他的情绪又会反复。我必须把游戏的控制权交给孩子，便问他："你知道怎样才能关掉桌子的灯吗？"他在桌子的右边研究起来，几次转、拧那个圆形的底座，都关不掉，又发现从底座中间垂下来的绳子，试探着去拉，第一次没敢用力，第二次终于把灯关掉了。那一刻，他非常满足，露出了笑脸。关灯的同时也意味着这里的游戏该结束了。此刻，他已经完全忘记不愿意上幼儿园这件事，关掉灯后，毫不犹豫地大步往教室走去。我陪着他到了教室，提醒曹老师孩子感冒了，要多留心观察，曹老师又送给他一个大大的拥抱。

从小班走出来，看了下时间，8：25，正好 10 分钟。这 10 分钟我好像和孩子打了一场"太极"。10 分钟的时间，孩子从一张哭脸变成了一张笑脸，我也找到了一丝成就感。

一日生活的高质量源于各种小细节，时时处处都是教育现场，时时处处都在考验教师。幼儿在园的一日生活是由许多个"10 分钟"组成的，每个 10 分钟都很重要。幼儿园与中小学相比，虽没有教学的压力，但做好这些细节对教师的要求是非常高的。

日本"幼教之父"仓桥物三在《幼儿园真谛》这本书里描述过好教师的样子：孩子在幼儿园的生活应如流水一般。如果说幼儿园的保育有做得好与差之分的话，那么做得好就在于能巧妙地调整水流的方向，做得不好的则对此无动于衷或无能为力。能让水流不中断、不堵塞，不强令其改变方向，却能够使之自然地与教育目的保持一致，这样的教师就是好教师。

成人千万不要以为孩子小就好糊弄或搪塞，这么想的人一定没看过陶行知先生的《小孩不小歌》："人人都说小孩子，小孩人小心不小。你若小看小孩子，便比小孩还要小。"孩子的内心是敏感细腻的，能觉察到老师爱不爱他们。孩子的内心又是无比脆弱的，在他们难过、伤心、委屈的时候，需要我们靠近去呵护，或感同身受。要成为一名被孩子接纳的老师，只有爱是远远不够的，还需要专业，需要智慧，需要永不停止的研究精神。

（写于 2022 年 1 月 7 日）

小萱萱的小进步

我听中二班老师说，萱萱只有 24 斤，对于上中班的孩子来说，这样的体重明显偏轻。尽管她出生时就很小（因为是双胞胎），但是这样偏轻的体重与她的生活习惯是不是有关系呢？

午餐时间，我去中二班观察了萱萱小朋友的进餐情况，不禁感叹，她吃饭速度真是慢！我统计了时间，萱萱小朋友平均咽一口饭需要 2 分钟左右，最慢时需要 5 分钟才能咽下去，属于典型的"含饭不咽型"。今天中午在明香老师的帮助下，11：45 她才吃完所有的饭菜和汤，相比平时已经快了很多，听说平时要吃到午睡还吃不完。

我们允许不同的孩子进餐有不同的进餐速度，但是吃得实在太慢的孩子吃到最后饭菜都已冰凉，必然不利于肠胃吸收。在我们全园 215 个孩子中，吃饭慢的不止萱萱一个，我们该如何引导？个别幼儿偏食、挑食、饮食习惯不良、特异体质、过敏体质等，都是课程游戏化项目以来我们很少关心的问题，这些问题看上去是小事，却关系到孩子的生长发育，其实是大事。又想到跟岗园长反馈时提到我们有的孩子饮水量不足的现象，我强烈地意识到我们的课程不仅要关注孩子的游戏、关注孩子的学习和发展，更应该回归到生活中去。幼儿园的保育教育，首先要解决好孩子的吃喝拉撒睡！

下午 2 点 15 分，我又去中二班了解萱萱吃点心的情况，今天的点心是煮玉米。我到班上的时候，老师正在给孩子们梳头。萱萱的小辫子梳好后，去拿了一段玉米回座位，开始一粒一粒地吃。我看着时间，7 分钟过去了，她还没吃到 10 粒。我走过去轻轻对她说："吃完我们要出去玩了，你和忆柳比赛，看谁先吃完好不好？"旁边的忆柳一听，赶紧大口大口吃起来，这下萱萱有了动力，也大口大口地吃，3 分钟就把一段玉米吃得干干净净。看来，鼓励永远是个好办法，不管对孩子还是成人。

（写于 2019 年 4 月 26 日）

建构区的惊喜

区域游戏时间，我巡园来到大班，两个大班的建构区真是让人惊喜！

在大一班，孩子们今天的作品是搭建小学。这个作品是上周延续下来的，孩子们搭好后每天又在加工、调整和完善，作品在不断升级。自幼小衔接参观小学后，孩子们对小学有了感性经验和直观了解，建构表达出来的小学更加生动形象。几个细节的表达完全超出成人的想象：第一，用圆柱支撑的传达室，正面和一侧开放，背面和另一侧封闭，和真实的传达室一模一样；第二，小学男女分开的公共厕所，完全对称的建构及扁平的主体结构，和真实的厕所一模一样；第三，小学操场的篮球架，长方形场地，对面设置的篮球架，用半圆形表征的篮球网和真实的篮球场一模一样；第四，用条形台柱架空连接、用 Y 型表征的大树等植物组合而成的"行知园"，和真实的园子一模一样。还有摆放在传达室门前的人偶保安叔叔、校门口的三个小学生、停放标准整齐的小车，都让整个作品更生动、有趣，也更有情境。

大二班刚刚结束上周的一个巨作，今天孩子们开始尝试新的基础建构。汪振宇用一个四倍块和两个并列桥型做了一个车道斜坡。我让汪振宇用一辆小车试试可不可以在车道上行驶，因为积木厚度有落差，汪振宇发现小车不能从"桥上"顺利行驶到四倍块的一端，只能跳过去。于是我

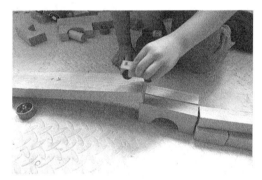

四倍块和桥型搭建的车道

找来一个斜坡积木，用基本块在下面作支撑，保持斜坡一端和桥型一端连接处高度一致。再让汪振宇用小车行驶试试，他发现小车可以顺利通过斜坡行驶到四倍块车道上。我又马上拆掉这几块，让汪振宇自己独立搭一次。汪振宇第一次直接将斜坡架在桥型一端，用小车一试，很快发现又有高度

差，马上调整增加基本块支撑，降低高度，让斜坡一端与桥型一端的高度保持一致，再一试，小车可以顺利通过，终于成功了！我拿着斜坡积木问汪振宇这块积木叫什么名字，他大声地告诉我叫"斜坡"。我告诉他，如果想让小汽车上坡或者下坡，都可以用这块积木，用这种方法来搭。

在幼儿园，我们总能发现很多男孩对积木情有独钟，以及很多孩子在建构游戏中表现出的超强的学习能力。建构区在幼儿园中作为孩子们喜爱的游戏区域，承载着幼儿对空间、方位、数量、模式的认识和学习。建构作品的实用性是评价作品的重要标准之一，孩子们不断重新认识每一块积木的基本功能，在建构作品中实现每一块积木的价值最大化。也许，今天的建构游戏已经悄悄在孩子心中种下建构的种子；也许，今天在建构区专注建构的那个小男孩会成为未来的大建筑师。我相信，一切皆有可能！

（写于 2022 年 10 月 22 日）

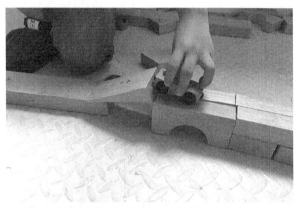

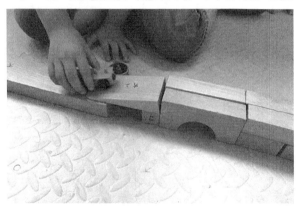

加入三角斜坡和基本块的车道

观察记录小雅进餐

观察者：喻兴艳

观察日期：2019 年 10 月 31 日上午 11：10—11：32

儿童姓名：小雅（化名，4 周岁 3 个月）

班级：中一班

观察目的：观察该幼儿进餐情况

观察目标：观察并记录教师调整打餐方式后，该幼儿进餐的具体行为表现

观察环境：班级活动室，午餐时

观察背景：当天上午家委会上，小雅妈妈提出两个问题：一是孩子因为个子小看不到餐盘的饭菜，自主打餐较为困难；二是孩子在家吃饭速度较慢，在园因为担心吃饭慢影响全班进度，每次只吃一小口饭。会后，我到班与小雅进行了交流，征求她的意愿，她表示喜欢老师帮她打饭菜。

观察记录：

11：10 其他孩子在排队自主打餐，小雅坐在座位上，等待老师帮助她打餐。老师帮她盛好半碗米饭、一块可乐鸡翅、一勺西红柿炒蛋，送到她的座位上，她开始进餐。

11：12 小雅将筷子握在手心，但用筷子把饭送到嘴里显得有些困难。老师重新拿了一把调羹递给她，她用调羹比较灵活，于是开始吃饭。吃饭时，她时不时地东张西望，容易被其他孩子的讲话吸引。

11：15 小雅的菜还几乎未动，饭只吃了几口。老师把墙面上的彩色时钟取下来拿到她的面前，告诉她当红色的指针（分针）指到 6（11：30）的时候，如果她把饭菜全部吃完，就可以得到小星星。说完老师把时钟挂回墙面。这时，老师发现小雅的座位是背对着时钟的，需要回头才能看到时间。在这个小组里，悠悠（化名）的座位是面向钟面的最佳位置，老师和悠悠商量后，悠悠愿意和小雅换座位。小雅坐到了悠悠的座位上继续进餐。

11：20　每吃几口，小雅就会特意看下时钟。当红色指针转到4时，离约定时间还有10分钟，小雅已经吃了大半块鸡翅和一些米饭，速度明显加快。

11：32　小雅吃完饭菜汤，虽然比约定时间迟了2分钟，老师依然奖励给她一颗小星星，她非常开心。

结论：

1. 该幼儿个子小，自主打餐较为困难；

2. 该幼儿还不能熟练使用筷子吃饭；

3. 该幼儿进餐速度较慢。

评价：

1. 为了提高幼儿自我服务的能力，让全班幼儿都自主打餐，没有考虑到幼儿的个体差异；

2. 该幼儿未学会熟练使用筷子，导致吃饭时很难将饭菜送到嘴里；

3. 该幼儿还没有养成看时钟掌握时间的意识。

建议：

1. 在一段时间内，保持小班老师的做法，帮助该幼儿打餐。

2. 通过老师打餐控制饭菜量，保证该幼儿进餐量达标。

3. 允许该幼儿使用调羹进餐。同时把握区域学习和一日生活其他环节的契机，教会该幼儿使用筷子的技巧，直到她能熟练使用。

4. 将该幼儿调整至方便看时钟的座位进餐，帮助其养成看时钟掌握时间的习惯，培养时间观念。

5. 用奖励小星星和语言表扬等方法，多鼓励幼儿，帮助该她树立信心。

6. 与该幼儿妈妈继续沟通，家园同步要求，帮助该幼儿既能吃得饱又适当提高进餐速度，提高进餐质量。

第二章
一路同行

冬冬辞职去银行

冬冬辞职了，接婆婆的班——去银行烧饭。

冬冬是个好姑娘，2012年10月8日来到袁幼工作，到2018年3月23日辞职，5年多的时间，做的多说的少，付出的多得到的少。这5年里，她从一个小姑娘，变成了3岁孩子的妈妈。她总是特别会照顾小朋友。我搜索冬冬照片，只找到两张：一张是雪天，她弯着腰握着小朋友的手，在给孩子焐手；一张是户外活动时，她弯着腰帮小朋友扶人字梯。我忽然意识到这就是冬冬在幼儿园最常见的动作，她总是忙前忙后，弯着腰与小朋友交流，几乎从未看过冬冬闲下来或与人闲聊。因为我们幼儿园从来不加班，所以周末一般没人。有一次周末我去幼儿园有事，碰到冬冬把捡的树枝送到班上准备布置环境用，才听门卫说冬冬周末常来幼儿园忙班上的事情。2017年年底，冬冬被大家一致推选为2017第一届"最美袁幼人"，这是她在工作期间获得的最高荣誉。

雪天里最温暖的人

2018 年 3 月 20 日中午，冬冬来和我说要辞职的时候，她眼睛红了，我也一直忍着眼泪。等到冬冬离开我办公室时，我送她到副园长办公室门口，看着她往教室走去的背影，最终还是没能忍住，在王远航的办公室哭了一场。

冬冬是带着不舍离开的，也是带着无奈离开的。

作为一个非公办幼儿园教师，她面临的困难太多了：工资待遇低、工作压力大、家长要求高、社会不认可……

是什么让冬冬和像冬冬一样的非公办幼儿教师在幼教岗位上坚守？除了那微薄的工资之外，一定是对幼教工作的热爱！能理解这份热爱的，除了同样在幼教岗位的人和与幼教相关的人，还有谁？让我欣慰的是冬冬说她这几年在幼儿园学到很多，学会怎么带孩子了。今年的阅读节刚刚启动，冬冬已经像我们要求家长的那样，每晚带自己的儿子航航读绘本了。我听到这些真心感到高兴，这说明我们幼儿园的工作是意义深远的，是会影响孩子一生的。我们在改变家长教育观的同时，我们的教师也在教育子女方面受益，这是教育应该有的样子吧！

送冬冬离开那天，我送了一本书给她——徐知临写的《小豆丁幼儿园成长记》。这是我非常喜欢的一本书。书的第一页上有我们幼儿园全体教职工的签名。冬冬就是袁幼的"小豆丁"，在幼儿园工作并成长，虽然离开袁幼了，但是她永远、永远、永远都是我们的"最美袁幼人"！

（写于 2018 年 3 月 23 日）

致从教三十年的你们

2019 年 1 月 25 日，是幼儿园第二届最美袁幼人颁奖典礼。

但是，还有一群人，她们不是最美，却比最美还要美！

她们工作的时候，我们在座的很多人还没有出生；

她们工作的时候，幼儿园还不叫幼儿园，叫幼儿班；

她们工作的时候，幼儿园只有一间房，一面黑板，一架风琴；

她们工作的时候，一人顶三人，既是教师 A，也是教师 B，还是保育员；

她们工作的时候，一个月工资只有几块钱；

但是，她们一干就是三十年！一干就是一辈子！

三十年来，幼儿园在变，环境在变，一切越变越好。

但她们却越变越老，

头发不再乌黑了，

眼睛慢慢老花了，

小朋友对她们的称呼也从"姐姐"变成了"奶奶"。

唯一不变是她们对幼教的热爱！

她们没有参加过什么比赛，最高级别是园级；

她们没有什么拔尖的称号，最高级别是片级；

她们没有受过什么表彰，最高级别是镇级；

她们也没当过什么领导，当得最大的"领导"是班主任，管副班主任；

但是她们是最最了不起的幼儿教师！

她们为袁巷的幼儿教育事业奉献了一生！

现在，我们的年轻教师越来越多了。

年轻教师冲锋在前，她们便成了坚强的后盾，让年轻教师专心研究。

殊不知，点点滴滴成绩的背后，都是老教师的默默支持。

今年，中小学工作满三十年的公办教师都领取了"乡村教育工作三十年证书"。

我想，我也要为我们幼儿园工作满三十年的教师颁发证书。

因为，在我心中，一个优秀的幼儿教师，与他是公办还是非公办无关。

借今天的颁奖现场，我很荣幸为我们袁幼 11 位工作满三十年的教师颁发证书。

我想对她们说：谢谢你们为袁巷的幼教事业付出青春、付出努力、付出一生！

一届又一届的孩子永远不会忘记你们！

共同打拼过的同事不会忘记你们！

幼儿园永远不会忘记你们！

我想对她们说：

不忘初心三十年，感动袁幼一辈子！

她们是陈树蓉、董道云、桂敏、何清芳、纪秀玲、刘业珍、孙德芳、王卫萍、殷绍玉、袁宏凤、赵正兰！

（写于 2019 年 1 月 24 日）

陈树蓉

董道云

桂敏

何清芳

纪秀玲

刘业珍

孙德芳

王卫萍

殷绍玉

袁宏凤

赵正兰

🌸 王阳在成长

王阳是个好姑娘，美丽、温柔、亲切、善良，和我亲如姐妹。如果遇上什么事，她总是第一个想到我。

一天，王阳给我打电话，说最近还是感觉到有老师对她有偏见，用异样的眼光看她。这个电话足足持续了 39 分钟。我好好安慰了她一番，最后告诉她，不用太在意别人的评价，没有人能够得到所有人的认可。我将花草园胡华园长于 2018 年 12 月 14 日在幼儿园公众号发布的一篇文章《与特色"相遇"，才是一个幼儿园发展的必经之路》推荐给王阳，里面有一句话是我想要送给王阳的，那就是"成为你自己，就是你的特色"。

后来王阳回复我："认真看完。我看的时候觉得特别感动，尤其是里面说到的回归、纯粹、温度。我也想回归纯粹，做一个有温度的人。园长，虽然'理想化'似乎不是一个褒义词，但我依然想要努力做一个回归纯粹的有温度的人。真的很感激您，我记住了这句话：'成为你自己，就是你的特色。'这句话给了我极大的力量。这个世界上理想化的人不只有我一个，努力的人也不只有我一个，不管今后我能努力做到什么样的自己，起码我要去做，遇到困难时，难过时，就想想这些话，就又有力量了。"看到这样的回复，我感到非常的温暖！她确实已经不再是以前的那个王阳，现在的王阳努力、勤奋、用心、感恩，全身充满了正能量。陪伴王阳一起成长，我也在成长。

（写于 2018 年 11 月 22 日）

王阳和小朋友一起做游戏

🌸 有只小鸟来敲窗

今天夏主任又与我严肃地谈到我们的园本课程建设问题。我深知，我们的山林课程是夏主任非常用心、满意，也是她本人非常期待的课程设计，没有之一。2014年申报省课程游戏化项目答辩时我与夏主任相识，巧的是上级部门在分配《指南》实验园专家时，又将夏主任安排在我们组，就这样，夏主任对我们园开始了陪伴式指导，到现在已整整五年。在这五年中，我和夏主任建立了深厚的情谊。在我眼中，夏主任既温柔又睿智，既温暖又理性，既博学又真诚。她是一位接地气的专家，是一个会生活的精致女人，更是一个和我有无数默契的姐姐。

镇江市原教研室主任夏薇考察户外课程资源

我们幼儿园有着独特的瓦屋山资源，这座大山蕴藏着无限的教育资源，夏主任又是如此热爱大自然的人，她将我们的山林课程方向定为"走进大山，让孩子回归山林、回归自然、回归心灵"。这样的课程理念要求我们同德国的森林幼儿园那样，带领孩子真正走进大自然，让他们自由、开放地探索、学习，这正是世界最前沿的学前教育理念。

2019年寒假刚刚开始的时候，我邀请夏主任、陈科、孔慧，连同园骨干教师在我家中展开研讨。我们整整讨论了一天，讨论的现场和大家那一天的心情都可以用激情澎湃四个字来形容。然而理想无比丰满，现实却如此骨感。经历了上一学期高频率的进山活动，我们遇到最大的问题就是安全问题。全体教职员工最担心的是孩子来回途中的行车安全，还有在山林中遇到的紧急情况和突发事件。因为安全问题，我们不得不将山林课程的活动范围从大山缩减到幼儿园周边。

夏薇主任（后排左五）参加山林课程第一次研讨会

可是，在今天与夏主任的谈话中，我的种种担心和畏难情绪让夏主任感到失望，让她以为我连幼儿园周边资源都放弃了。其实，我没有，在我心里永远不会放弃对园本课程的追求！在我不知道如何向夏主任表达内心真实想法的时候，一只彩色的小鸟不停地在窗户边飞来飞去，它一会儿用翅膀敲打着我的窗户，一会儿又停在窗外的电线上，远远地看着我们。我小心翼翼地拿出手机想把它拍下来，可是它十分机灵，扑棱一下就飞得不见踪影。我和夏主任又继续讨论，这只小鸟却又飞到窗户边敲打着窗户玻璃，接着淘气地飞走了。夏主任告诉我这只小鸟的名字叫北红尾鸲，不是常见鸟类，只有生态好的地方才会出现。是啊，袁巷是一个如此美好的地方，我们身在这样一个用金钱难以买到的生态之地，却不能充分利用这些资源为孩子的成长服务，真是极大的浪费，更是枉费了夏主任一片苦心！这只小鸟敲打着窗户，也敲打着我的思绪。我们的初心呢？我们的梦想呢？我们的激情呢？顿时，我感觉到浑身又充满了力量！

接下来的讨论进展非常顺利，夏主任帮我们梳理了三级资源建设和三级课程审议思路，我和后来加入的王远航、李莹、谢燕三人收获很大，思路从迷茫到渐渐清晰，信心倍增。园本课程建设对我们来说不是一件容易的事，但我们愿意为之付出努力。我们坚信：不是因为看到希望才去坚持，而是因为坚持了才有希望！

（写于 2019 年 11 月 22 日）

夏薇主任（左二）带老师到瓦屋山踩点

夏薇主任（右二）指导山林课程建设

❀ "两水"之行

秋末冬初，2019年第二批省优质园评估进入现场考察阶段。2019年11月18日，我非常荣幸地受到省教育评估院邀请，与扬州市机关第三幼儿园的沐文扬和兴化市实验小学幼儿园的周娟两位园长组成了第十二组，一起踏上了前往淮安市涟水县和盐城市响水县的旅程。

11月19日，我们来到了淮安市涟水县涟城贝思特幼儿园。这是一所位于县城中心莱茵风情小区内的一所新建民办园，2017年8月投入使用。这所民办园的投资人是一位有着教育情怀的年轻人，这已是他在涟水县投资的第7所学校。幼儿园占地面积2770平方米，建筑面积1670平方米，现有3个班，幼儿79名。幼儿园小巧且精致，室内外色彩温馨和谐，环境布置处处充满童趣。园名"贝思特"是由英文best（最好的）音译而来，那样，幼儿园的办园宗旨正是要努力要让每个孩子成为最好的自己。幼儿园在投资集团标准化管理下井然有序，教师队伍朝气蓬勃。

进班指导

11月20日，我们来到了盐城市响水县七套中心社区中心幼儿园。这是一所公办的乡镇中心幼儿园，占地10020平方米，建筑面积3650平方米，绿化面积1600平方米。让我们惊叹的是，在响水这样经济并不发达的地区，竟然有这样高标准建设的幼儿园！开阔的户外场地、宽敞的配套活动室、功能齐全的专用室，尤其是100%的专任公办教师配置，更是让我们羡慕不已。据了解，响水县每年招聘公办幼儿教师 80 人，全部分配至各乡镇农村幼儿园，可见当地教育主管部门对学前教育的重视程度之高。

11 月 21 日，我们来到了有着"将军故乡"美誉的南河镇昌盛村。还在数里之外，我们就看到了全村最漂亮的一组建筑——昌盛海洋小学和我们今天要现场考察的昌盛海洋幼儿园。昌盛海洋幼儿园也是我们本次考察中唯一一家村办园。刚下车，我们就受到了南河镇费镇长的热情迎接，他介绍说这个村是南京军区原司令员朱文泉上将的家乡，教学楼上"童趣园"三个字正是朱将军所题。响水县教育局对这所村办园也给予了高度的重视和大力的扶持，多次安排县骨干教师帮扶共建，让这所仅有 3 个班 70 多名孩子的村办园能契合省课程游戏化精神，具备了高质量的保教水平。相信不久的将来，昌盛海洋幼儿园必将成为苏北村办园中的典范！沐园长现场作诗一首：将军故乡海童园，规模不大党关怀。浪花朵朵笑开颜，硬件软件两手抓！

现场反馈

"两水"之行评估组合影

　　三天的现场考察，我们充分感受到苏北地区各级政府对学前教育的重视，更加被这里人们的创建热情所感动。尽管在现场考察中，我们发现幼儿园在管理和文化建设中存在一些问题，如教科研实效有待提高、保育工作规范性欠规范、对特色建设理解不够全面、建设不够系统等，但是，他们在创建中全面对照、提炼总结、深刻反思，真正达到了以评促建、以评促改、以评促发展的评估效应，相信一定会获得良好的创建成效！

（写于 2019 年 11 月 22 日）

忆南非之行

2018 年 5 月 21 日，一个见证中非幼教友谊的日子，一支南非代表团来到了中国，来到了江苏，来到了镇江。5 月 22 日，在镇江市教育局的安排下，南非代表团走进我们袁幼，那一天是我们的很多老师和孩子第一次见到非洲客人！当时，南非朋友邀请我们去非洲访问，没想到很快就成为现实！

整整一年后，2019 年 5 月 19 日，在镇江市教育学会会长陈国俊、学前教育专业委员会理事长贡青的带领下，我们一行人有幸踏上了南非的土地，带着联合国儿童基金会"游戏与抗逆力——共建和平与可持续发展未来"的项目话题，走进了古老而又神秘的"彩虹之国"。

这次访问真可谓"万里之行"，跨越了三大洲：亚洲、欧洲、非洲。5 月 19 日中午 1 点从袁巷出发，5 月 21 日中午抵达南非约翰内斯堡机场，入住普托利亚酒店，路上整整走了两天。

真正走进南非，人们会发现这是一个美好的地方。此时，南非虽是秋末冬初，却是林木葱茏，和风拂面，俨然一片大好的春日景象。如果把地球南北反转一下，约翰内斯堡相当于在昆明这个纬度，海拔都在 1800 米左右，是地地道道的"春城"！

通过查阅资料，我们得知南非共和国地处南半球，位于非洲大陆最南端，东、西、南三面被印度洋和大西洋环抱，因其多姿多彩的文化和自然景观及不同肤色国民和谐相处而被称为"彩虹之国"。南非国土面积约 121.9 万平方千米，人口约 5652 万（南非统计局 2017 年年中统计数字），主要由黑人、白人和亚裔等构成。官方语言有 11 种，英语和阿非利卡语为通用语言。约 80% 的人口信仰基督教，其余信仰原始宗教、伊斯兰教、印度教等。南非属于中等收入发展中国家，也是非洲经济最为发达的国家之一。2017 年，南非国内生产总值约 3477 亿美元，人均国内生产总值约 6132 美元。南非是世界上唯一一个拥有三个首都的国家，三个首都分别是行政首都比勒陀利亚、立法首都开普敦和司法首都布隆方丹。在总统府的广场上矗立着南非首位黑人总统——"南非国父"曼德拉的铜像，高达 9 米，曼德拉的塑像张开双臂，正在拥抱国家、拥抱民族，象征着一个民主的南非结成一个"彩虹之国"。

南非之行

第一站：考察 EDUPLEX 幼儿园

EDUPLEX 是一所兼收听障儿童开展融合教育的幼儿园，每个班接受 2~3 个聋儿，特殊孩子和正常孩子接受同样的课程教学。聋儿会植入耳蜗，在这里接受早期干预。在这所学校很多这样的孩子经过训练，听力得以恢复，进入幼儿园，我走在柔软如羊毛地毯般的草地上，聆听鸟鸣虫啾，看着幼儿荡秋千、嬉游欢唱，心中暖意浓浓。说实话，这里环境温馨，让人难以相信这是南非的幼儿园。

考察 EDUPLEX 幼儿园剪影

第二站：在中国驻南非大使馆举行中南幼教工作者座谈会

同行的很多人和我一样，都是第一次走进大使馆。当我们进入中国驻南非大使馆时，第一时间被中非结合的经典古典风格建筑所折服。大使馆工作人员告诉我们，这一片是大使馆集中的区域，有泰国、日本、韩国等国的大使馆，其中中国大使馆面积最大，建筑最具特点，每一面墙壁、每一扇门窗都有来历，是由清华大学一位建筑师设计的，荣获中国建设工程鲁班奖（境外工程），也就是"海外鲁班奖"。当我们看到高高悬挂在大使馆中央的中国国徽时，作为中国人的民族自豪感油然而生，那一刻最想说的一句话是：我骄傲，我是中国人！

我们来到大使馆是要参加中南幼教工作者座谈会。林松添大使工作繁忙，刚送走一批访客，又如旋风般来到了我们中间，而晚上8点他还要接受媒体采访，时间十分紧张。会议安排很紧凑，各自发言要言不烦。林大使讲话坦率而又温暖。坦率者，他直言南非要破瓶颈、谋合作、求发展，中国就是南非最好的合作伙伴；温暖者，他说教育改变命运，他的父母并不识字，却尽心倾力让他接受教育，因此他难忘父母恩教育情，更期待中国与南非的教育合作从孩子再发力。

其他与会者的发言核心词有"关注儿童""重视早期教育""中非友谊""教育第一""资助儿童""互助合作""健康卫生""教师发展""幼儿园质量"等，也给我留下了深刻的印象。座谈会十分成功，在这里，我们的心灵是相通的，我们的目标是一致的，我们的行动是鼓舞人心的。座谈会结束之后，李南公参一直全程陪同我们完成接下来两天的访问。

中南幼教工作者座谈会集锦：

第三站：拜访林波波省的村庄

酋长家到底是什么样的？带着好奇，我们驱车6个多小时来到了林波波省。林波波省是南非九省之一，首府是波洛夸内，意即"安全之地"，是南非北部最大的城市和主要的经济中心。此次拜访的村庄也是联合国儿童基金会"游戏与抗逆力——共建和平与可持续发展未来"资助项目的实验基地。村里人走出老远来迎接我们的到来，一路载歌载舞来到酋长会议中心：两个大凉棚，一片沙土地，一溜排的会议椅子。酋长坐在铺有毛毯的椅子上，所有参会的人员都要向酋长行礼，我们也几乎全身趴下，努力发出与当地人一样的"语言"。为了我们的到来，会议场所还拉来了临时用的卫生间。从交流中，我们得知部落的条件很困难，孩子们的生活和学习条件都非常艰苦，他们没有油画棒、彩笔，幼儿园没有盥洗室，只有茅坑。但是勤劳的非洲人仍然重视幼儿教育，林波波省尽力投入资金、人力，努力改善四所幼儿园的条件，聘请了园长和老师，尽力做到学前2年教育普及。虽然我们心中五味杂陈，但还是给他们带去了欢乐与阳光。会议和舞蹈演出交替进行，我们常不由自主融入其中，共舞交流。其间很多孩子问我们的"比心"手势代表什么，我们回答"I LOVE YOU"，孩子们听完，开心至极！

拜访林波波省的村庄

第四站:林波波省乡村早教中心

在南非，我们迫切想去看看幼儿园，看看孩子们。参观了好多幼儿园后，我们心中或喜或忧:喜的是孩子们那么天真可爱，那么热情地围到我们身边来，那么大方地与我们拍手问好，那么自由地选择自己想玩的玩具自在地玩，老师是那么的放手，让孩子充分感到愉悦、自主，园所环境是那么的自然、开放、开阔；忧的是卫生保健、教玩具设施设备、图书、师资素养、课程实施都有待大幅度改善与提升。我们和园长、老师们亲切地交流、合影，感受到他们的真诚，也倍感压力，心里总想着可以为他们做些什么。

拜访南非的幼儿园

第五站：林波波省的中学

在南非，这所中学相对来说是条件比较好的，所以此次联合国儿童基金会项目在南非的闭幕式就在这里举行。这所中学给我们留下深刻的印象：一是学生们的歌声那么美；二是主动为发言者打伞的学生让人动容；三是师生关系十分融洽。我们参观了校长办公室，里面整洁干净，摆满了各种奖杯。歌唱团的歌声很美、很动听，让人久久不能忘记。通过交谈，我们还了解了关于林波波省的政治、经济等情况。在学校，我们品尝了当地的特色餐点，虽然很简单，却深深感受到他们的简约、朴实、真诚与友好。

7天的时间里，虽然我们有4天都在路途中奔波，但是我们的感悟很深，收获很深，更真切地走进了南非，了解了当地的教育，心底里最想发出的声音是：倍加珍惜我们的当下，奋力启动我们前进的引擎。当然，我们渴望有更好的机会，能够更多地加强中非交流，帮助到更多需要帮助的人。

项目活动现场

南非之行的深度和广度是我人生之最！一路的惊喜、感动、震撼，都将永远铭记于心！美丽的金合欢树仿佛近在眼前轻歌曼舞，非洲原野的日出日落仿佛在眼前闪现，香甜的瓜果仿佛还在一路飘香……我真诚地祝愿：中非友谊源远流长，两国幼教再续新篇！

（写于 2019 年 5 月 27 日）

访问南非中小学与幼儿园集锦：

第四部分

我的日记

我和我们袁幼人共同坚守的教育梦：办最本真的乡村学前教育！

🌸 袁幼漂流日记第一篇

2019 年 1 月 1 日　　　星期二　　晴

亲爱的老师们，当你打开这本日记的时候，你就是袁幼历史的记录人了！

请原谅我未征求大家同意，就做出这样的决定，原因有两点：其一，新的一年已经开始，在 2019 年的第一天开始记录最合适不过，如果错过又是一年。其二，我迫切地想用日记的形式与大家一起记录下袁幼的点滴。如果有一天，我们离开袁幼，那时候还能翻看日记回忆我们在一起的日子。多年以后的袁幼人，也可以通过我们的日记了解在袁幼发生过的故事。

我很荣幸第一个写日记。亲爱的老师们，我们的幼儿园自 1979 年创办，至今已经整整 40 年了。我作为第六任园长，包括现在我们的老教师，都不能清晰地知道很久很久以前我们的幼儿园是什么样子，曾经有过哪些老师，曾经有过哪些孩子，孩子们在幼儿园发生过哪些重要或有趣的事情，40 年来多任老园长的名字叫什么……现在我能报出的曾经担任过园长的只有许庭秀、袁宏凤、喻莲和孙建霞的名字，我们错过了太多幼儿园的历史。

袁幼的历史将由谁来记载？当然是我们！

从现在开始，好像有一点晚，其实一点也不晚。要永远记住："当你觉得为时已晚的时候，恰恰是最早的时候。"

现在开始记录，真的一点也不晚！现在的我们，放在十年或二十年后来看，也是历史中的一员。现在的我们每一个人，都将载入袁幼的史册。

2019 年 1 月 1 日，在袁幼工作的所有人员名单如下：周旻珊、纪秀玲、郭翠、戴金、王华娣、姚丽、董道云、袁忠芳、赵正兰、吴雨燕、王卫萍、江云、王朱珠、陈树蓉、任明香、陈紫嫣、袁宏凤、裴国美、尹楠、桂敏、徐甜甜、王阳、戴雪茹、何燕、陈云娣、孙志芳、刘业珍、刘方宏、袁友田、曹盼、谢燕、李莹、何清芳、姜精柏、陈明贵、王远航、喻兴艳。

一口气写完所有人的名字，我忍不住泪流满面！这其中的很多老师，已在袁幼工作了 30 年以上，她们的青春和热血都洒在了袁幼这片土地上。

我与她们同事十几年，早已亲如家人！我不知道等到明年的今天，会有哪些老师会离开我们的幼儿园，有的也许是因为退休，有的也许是因为调动，有的也许是因为选择了其他工作，有的也许是因为幼儿园规模缩减……我不能决定你们的去留，也不能决定我自己的去留。我永远相信人与人的相识是一种缘分，所以，我珍惜和大家在一起的每一天！

在袁幼十几年来，尽管我也时常感觉到压力巨大、紧张焦虑，甚至身心疲惫（相信大家也会有同感），但我从来没有厌倦过和大家的相处，不知大家对我是否讨厌或厌倦，如果有，那一定是我的不对。希望大家能告诉我哪里做得不好。感谢你们——我的兄弟姐妹们，你们如家人一样对待身边的每一个人，那样的真诚、那样的善良、那样的包容，常常让我感动至深！

亲爱的老师们，不知道写"漂流日记"这件事是否让你们感觉到压力。不要轮到你们写的时候无话可说感到烦恼。我们幼儿园有211个孩子，不，准确地说有211个科学家、语言家、哲学家和艺术家！有这么多可爱孩子的地方，怎么可能没有故事？用我们的笔记录下这些故事吧！你可以写今天最开心的事，也可以记录你的烦恼或者思考。如果你是大厨，写写今天做了什么菜，味道怎样，孩子们评价如何；如果你是保安，写写今天值班时听到家长聊的热门话题，你的建议或需求；如果你是老师或保育员，写写今天班里发生的事情；如果你是管理人员，写写你的所见、所思……这些，都会是对袁幼真实的记录！如果实在不知道写什么，用一个词记录你今天的心情，或是签个名也可以。当然，我相信你们写得一定比我想得要棒很多。

与工作有关、与工作无关，篇幅长一点、短一点，字写得好一点、差一点……这些统统都没有问题！最大的问题是：你不写！如果你不写，就太可惜了！如果你不写，未来的我们就无法在若干年后翻看日记的时候找到你的痕迹，那才是袁幼的遗憾！

当然，如果你依然选择不写，也没有关系，因为写日记并不是幼儿园老师的本职工作。

亲爱的老师们，对当下的记录，是我们为未来做的非常有意义的一件事！从现在开始，让我们一起来记录袁幼的点滴，我们的每一句、每一个标点符号，都将被袁幼珍藏！

做一个忠实的记录者，为了袁幼，也为了我们自己！

让我们一起开始吧！

袁幼一角

记录学期结束最后一天

2019 年 1 月 25 日　　　星期五　　　晴

今天，我以寒假期间保管漂流日记的名义，"强行"让漂流日记又"漂"到了我手里。今天是本学期的最后一天，也是超级辛苦和超级让我感动的一天。

上午我一个人去南京接女儿，回幼儿园已是 11：30，因为 12：00 要召开全体教职工大会，需要做一些会前准备，便来不及吃午饭。贴心的王远航老师提前帮我泡了方便面加火腿肠。一大碗热腾腾的方便面下肚，一上午的疲惫顿时消散了一大半。

中午的教职工大会，我没有像以前那样总结成绩，一方面是因为前几天教代会上已对幼儿园工作进行过总结，另一方面是想和大家聊聊平时最不起眼的小事，以小见大，寻找并发现最宝贵的袁幼精神。一个人的能力固然重要，但更重要的是精神。若内心没有一点精神和境界，工作和生活将是何等无味！今天与大家聊了 10 件小事，如为幼儿园或班级买东西的老师们的那份主动、满足孩子小小心愿的王阳老师的那份情怀、为期 4 次的袁幼故事会上讲述者的那份勇气、已率先在漂流日记上记录点滴的老师们的那份态度、保安袁师傅的那份热心、今年取得教师资格证的三位教师的努力、陈科在读书分享会上的那份鞭策、获得首届保育案例奖的后勤人员的积极参与，等等。我期望在美好的 2019 年，每个人都更有精气神，我们能更加凝聚一心，更加温暖地一起度过在幼儿园的每一天。

下午的颁奖仪式和联欢才是今天的重点。为了这次活动，我们提前筹划了好久。全园推选、定制奖状奖杯奖品、排练节目、会场布置、主持人选择、节目彩排事情烦琐，但所有人都积极参与，保教处与后勤处互相配合，一切安排妥当。尤其是李莹将具体事务安排得井井有条，没让我操一点心，付出的辛苦远比我们看见的更多。我深切感受到我们行政人员的得力和教师的配合，作为园长的我是何等幸福！

荣幸的是我们还邀请到了学前科陈德芳科长、颜玲和孔慧三位领导来参加我们的活动。我原先担心有领导在，老师们会放不开，结果证明我的担心是多余的。现场热烈的一幕幕到现在还在我面前闪烁：尹楠的"劳特莱斯萝卜蹲"蹲出了经典、蹲出了高度；中班组的手偶剧颠覆了我对节目类型的认知；后勤组锅碗瓢盆交响曲把咱们吃饭的家伙都给用上了，那勺啊瓢啊敲得比锣鼓还响；小班组的"恭喜发财"就是金童玉女组合，男老师戴金就是那"万绿丛中一点红"；多才多艺的王阳竟然会唱粤语歌，而且唱得那样深情；董老师和纪老师的节目"甜蜜蜜"，还邀请了孔慧助唱，三人配合得那般默契！戴金和曹盼两位主持人，不但是颜值担当，更是专业担当，整个舞台把控得刚刚好。

大家都登台表演了，我没时间参与大家的排练，便独自准备了一个走心的节目。倒也不是特意准备表演，即使没有今天的颁奖现场，我也必须找一个最合适的机会了却我的小小心愿：这学期，中小学工作满三十年的公办教师都领取了"从事乡村教育三十年"证书。而我们幼儿园有一大批人事代理教师，她们也是真正从事乡村教育满三十年的园丁，我一直想给这一批教师也颁发我们袁幼的三十年证书，所以便想借今天的机会来为她们颁奖。前几天，我专门为她们写了一首诗，可惜水平有限不够朗朗上口，又和李莹一起找了一些她们的照片做成PPT。没想到这个小节目竟然成了整个现场的"催泪弹"，感动了现场所有人。三十年来，她们为幼儿教育这份事业付出得多、得到的少。现在终于等来好政策，她们却已到了或临近退休年龄。我无力帮助，只能用一张薄薄的证书表达幼儿园对她们的肯定与感谢。就在现场，孔慧感动得"抢过"话筒，发自肺腑地感谢陪伴她在袁巷度过十年的"她们"，向她们深情鞠了一躬。陈科长忍不住感叹：以前都是在喻园长的朋友圈感受袁幼的温暖，倾听袁幼的故事。今天来到现场亲身感受，被每一个袁幼人深深感动！

联欢会后，姜会计在幼儿园工作群作小诗一首："风风雨雨三十秋，默默无闻青春流。呕心沥血育幼苗，丹心一片留袁幼。"何老师在群里这样感叹："献身幼教三十余载，此时此刻我们的心里有太多的回忆，有太多的酸甜苦辣。所有人流下的是感动的泪、是激动的泪、是不舍的泪，更是看到袁幼焕发勃勃生机欣慰的泪！感谢袁幼！感谢袁幼朝气蓬勃的年轻人！曹盼留言："太激动了！感谢命运，让我的生命中拥有了袁幼人，谢谢！"陈树蓉老师只写了四个字："谢谢，谢谢！！！""谢谢"后却加了3个重重的感叹号，让我感受到那份沉甸甸的情意。请允许我将 11 位最美丽的老师记录在我们的漂流日记上，让现在和未来的袁幼人永远记住她们的名字：殷绍玉、孙德芳、赵正兰、刘业珍、纪秀玲、袁宏凤、陈树蓉、何清芳、桂敏、王卫萍、董道云。

当然，今天还要隆重介绍一下我们的第二届"最美袁幼人"当选者。她们是李莹、吴雨燕、戴金、尹楠、陈紫嫣、王华娣、何燕、郭翠、孙志芳、刘方宏。其中，刘方宏、李莹、郭翠三人已蝉联两届"最美袁幼人"称号。她们的荣誉证书里，更值得纪念和回味的是全体教职工为她们写的颁奖词，人数较多字数较多，请原谅我不一一记录了。

马斯洛需求层次理论告诉我们，人类需求的最高阶段是自我实现的需求。今天，在我们的幼儿园，每一个人都找到了存在的价值，在幼儿园实现了自我，更超越了自我。借用吴雨燕老师在朋友圈分享的那句话——"高度不够看到的都是问题，格局太小纠结的都是鸡毛蒜皮"，要学会感恩，提升做人的高度、放大人生的格局，所以，才有了我们这群真诚善良、积极向上、豁达开朗的袁幼人。我为袁幼骄傲，更为每一个袁幼人骄傲！

第一届"最美袁幼人"合影

第二届"最美袁幼人"合影

第三届"最美袁幼人"合影

第四届"最美袁幼人"合影

第五届"最美袁幼人"合影

直到深夜 12：58 才完成这篇日记，依旧没有丝毫睡意。耳边又响起陈树蓉老师对我说的话："工作再忙，也要保重身体！"其实，当一个人觉得做的是有意义的事情，身体辛苦一点又算得了什么呢！当然，身体确实是革命的本钱。只有身体健康，才能为我们的幼儿园、为我们的家庭做出更大的贡献，生活与工作才会更加有滋有味。

🌸 我是一个幸福的园长

2019 月 3 月 11 日　　星期一　　晴

世上竟有这样巧合的事情：幼儿园这么多女同志，上一篇日记在 2019 年 3 月 8 日，也就是三八妇女节这一天偏偏轮到男同胞姜会计来写！这也是漂流日记第一轮收官之作。

2019 年 1 月 1 日我写了第一篇漂流日记后，日记就"漂"了出去，尽管我也时常翻看，但总有不少担心。一是担心有人不肯写，二是担心有人不会写，三是担心写日记给大家带来太大的思想负担。现在我终于可以确定，除了第三点之外，前两点的担心完全是多余的。要特别感谢刘师傅、袁师傅、贺阿姨、裴大姐、刘老师、赵老师，还有全体后勤人员都积极参与进来，尽管"写"不是他们的强项，但真诚、朴实的语言发自内心，不加修饰，越发让人感动！真心感谢所有人，因为真正做到了人人参与，我们的漂流日记才是完整而没有遗憾的！翻看每个人的日记，字里行间里都饱含了对幼儿园的热爱、对同事的肯定和对孩子的用心！袁幼真的是一个无比温暖的大家庭，才会让大家心中装满爱。作为园长，我的一切辛苦与烦恼早已烟消云散，心中只剩下"幸福"二字了！

言归正传。

今天是星期一，开启了如同往日一样忙碌而充实的一周。因为考虑到上周进行了山林课程踩点和三八节活动等，班级要利用中午时间整理资料，所以我们把原定在中午的班主任议事会调整到上午 10 点召开。今天议事的主题是"袁幼第二届阅读节怎么开展"，关于这个内容，昨晚已在群里告知过大家，所以大家心中早有计划。会上，我们本想先年级组交流，再全园集中探讨。大家提出年级组先碰头，把想法集中之后再年级组交流，我们觉得很好，就让大家先讨论。我与大班陈紫嫣、尹楠、王阳等几位老师正好就坐在一起，刚好挪挪椅子，就可围成一个小圈。谢燕因为在写开题报告没有参会，王远航和李莹于是自动分别加入中班组和小班组，大家立刻进入讨论模式。袁幼的研讨永远是热烈、愉快而又闪烁着智慧的火花的，时间也是永远都不够用的。一个小时后，研讨强行停止，否则到午餐时间还来不及交流。按照惯例，由年级组长代表交流计划，其余人随时补充。三个年级组共同商议出 11 条小方案：

（1）晒晒我们家小书柜；

（2）木工坊自制小书架；

（3）好书漂流到我家（周一到周四"好书强读"，周五下午全园阅读，周五放学"每人借 1 本"）；

（4）幼儿自制绘本（工会活动，可以进行评比）；

（5）好书推荐（教师为幼儿推荐、为同事推荐、为家长推荐；家长向教师推荐；幼儿向同伴推荐）；

（6）亲子共读、睡前故事；

（7）故事电台（幼儿讲故事、家长讲故事、教师讲故事，优选故事音频作为户外音乐播放）；

（8）评选"书香家庭"；

（9）"大手拉小手"混龄共读；

（10）阅读节一面墙（借书公约等）；

（11）阅读节大盘点。

通过议事会商议，阅读节重点活动已达成共识，议事效果"1+1>2"！

拥有一群有想法、有做法的教师，是幼儿园莫大的财富，又何尝不是我的骄傲呢！

中午，大家都各自忙开去了，我得了一点儿空，便继续我的"园长有约"。今天想找老教师聊聊，便从离我最近的中班开始。我见王卫萍老师正好在，便约了王老师。很巧，我和王老师今天穿着同款衣服。王老师真的很健谈，将近一个小时，我们还没谈到"正题"，因为王老师一直在滔滔不绝地说着孩子准备结婚的事和家里的其他事情。但与我准备好的内容相比，我更愿意听王老师家里的事情，所以我基本不插话，也不打断，就那样静静地坐着、看着、听着，做一个忠实的倾听者。事实上，其他老教师基本都有在村里小学工作的经历，而王老师是唯一一位只在袁幼工作过的老教师。她从 20 岁进袁幼，现在 50 岁，2019 年 7 月即将退休，整整 30 年了！所有的青春都留在了袁幼。最近这 5 年来，王老师家庭的经历不是一个中午就能讲得完的。王老师与我聊时，脸上始终洋溢的阳光、喜悦、满足，讲到动情处眼中又噙着泪水。

历经艰难，重拾坚定，她是一位生活的强者，是我敬佩的人！

一个老师愿意毫不保留地把家里的事情与你讲，这何尝不是最大的信任呢！

此外，今天还发生了一件让人心疼的事情，就是冬冬的儿子航航骨折了。经过了解，原来是早晨锻炼时航航在塑胶地面跌了一跤，胳膊肘骨折。上午已经去过老人山骨科医院打了石膏固定，医生建议住院，但航航不愿意在医院，冬冬又把儿子带回家了。在董老师的建议下，冬冬最终还是带儿子住院治疗。事情发生后，董老师已于中午去家里探访，下午放学后又去医院探望，用这份真诚的关心打动着家长，得到了家长的理解。冬冬曾在幼儿园工作 7 年，面对孩子的意外受伤，能深切理解教师的心情，并帮助幼儿园争取了孩子爷爷奶奶的理解。放学后我给冬冬打了电话，得知孩子情况稳定，家中所有人情绪也稳定，没有责怪幼儿园和教师，也就放心了些。说实话，作为园长，最怕的就是发生安全事故。这几年，我们幼儿园没有发生过严重的安全事故，但是幼儿在园偶有发生擦伤、骨裂、骨折等。值得欣慰的是，我们的教师均能第一时间与家长沟通，争取家长的理解。在安全管理上何老师功不可没，她制定了详细的安全事故处理流程与绩效奖惩办法，并协调处理好后续工作，我们园没有因意外伤害事故造成恶劣影响。

家长理解配合、教师主动沟通、分管协调处理，这何尝不是我的幸运呢！

我是一个幸福的园长！

因为有你们！

和孩子们在一起就是幸福

暑假的最后一天

2019 年 8 月 28 日　　　星期三　　晴

这个暑假，我过得与原计划太不一样。暑假初得知怀孕的惊喜与期待，暑假中失去宝宝的悲伤与疼痛，整个假期我好像做了一场梦，梦醒了，泪干了，也开学了。

在备孕的几个月里，我似乎已经慢慢把自己从"高压"中解放出来，不停地对自己说：身体第一，工作慢慢来。但是，从我确定自己怀孕的那一天起，我才发现自己在骨子里还是那个放不下的"工作狂"。作为三年后宝宝要进入幼儿园的"准家长"，同时又是一位园长的我，面对双重角色，如何让自己的二宝在自己管理的幼儿园接受更高质量的学前教育，如何让每一个和我怀有同样期盼的家长放心满意，我感受到巨大的压力和动力。

我们常说，幼儿老师像妈妈，可是"像"与"是"有天壤之别。如果你不是亲妈，真的很难把别人的孩子们当成自己的孩子，也不可能真正设身处地站在一个家长的角度去审视幼儿园的工作。我经历的这一次"准家长"心路历程，让我用另一种视角发现一直让我引以为傲的袁幼，尽管有过辉煌，但与"人民满意"还有较大距离，与"优质高效"更相差甚远了。这一切的顿悟都要感谢短暂陪伴过我的宝宝，他像个小精灵，来也匆匆，去也匆匆，最后去了另一个世界，留给我的只有无限的念想与思考。

重新审视我们的幼儿园，最大的问题是重育轻保、重游戏轻生活、重形式轻实质、重领导评价轻家长评价。我们一直高喊着"办有质量的农村学前教育"，却没有充分重视和关注幼儿在园吃喝拉撒睡这些基本生活保障问题，而是跳过这些去追求更高远的"诗和远方"。这些问题归根结底是我的管理问题。回首我担任园长的十年，对教师、保育员、行政人员的配备一直在不断优化，但在食堂人员的配备上都在原地踏步，用工一直处于吃紧状态。

今年开学后，借着全省阳光食堂改革的东风，在幼儿人数逐年减少、教师编制严重紧缺的情况下，我与行政人员多次商议，决定将董道云老师从教师岗位调整至食堂任司务长，与陈云娣、孙志芳共同承担食堂工作。这样调整的最大目的是切实提高幼儿一餐两点质量和教师伙食质量，花同样的钱，用同样的食材，做出更健康、更营养、更美味的餐点。当然，食堂改革仅仅是幼儿园改革的第一步，幼儿在园生活的各个环节、各个细节都关系到他们的身心发展。好体质、好品行、好习惯将使孩子们受益终身。我们袁幼人对学前教育质量的丈量不是三年，而是孩子的一生！

开学初，最想开的会是一场特殊的"家长会"。我要召集本园职工中孩子正在上幼儿园和即将上幼儿园的"真家长"和"准家长"们，从保育和教育两个方面来剖析幼儿园存在的"真问题"和家长的"真不满"，听真话、办实事。从此次家长会开始，幼儿园将全面开启一场静悄悄的改革。

真家长、准家长座谈会

明天就要开学了，昨天我把王远航和何老师请到家里来，商量了一天分班事宜，今天又作了一些调整，总算全部搞定。今年人事变动较大。王阳被调去城区三台阁幼儿园，教育局给我们新分配了两名公办老师。除此之外，陈树蓉老师辞职去照顾怀孕的女儿，刘业珍老师辞职去深圳到儿子身边生活，裴国美大姐去宿迁带小孙子，大姐的孙子毛豆也随奶奶转到宿迁一家民办幼儿园上中班。我们又招录两名新职工，一位是代课教师陈慧敏，我以前在小学教过的学生，是一个很优秀的姑娘，另一位是贤惠能干的大姐王金娣。

新的学期，开启新的征程，我内心充满希望，同时十分舍不得离开袁幼的几位教师。陈树蓉和刘业珍老师在袁幼工作了三十多年，这一次辞职就意味着永远离开袁幼了。王阳在袁幼工作五年，裴大姐只工作了一年，还有上学期离开幼儿园的甜甜、王玉杰、王华娣，她们对袁幼都充满情感，都是带着不舍离开的。打开手机再听陈树蓉老师的《天之大》音频，我忍不住流泪。随着时间的流逝，袁幼队伍在不断地增减更新，永远不变的是每一个当下的袁幼人和曾经的袁幼人对这片土地的一片赤诚！

合唱《天之大》录音

看材料投放有感

2019 年 10 月 21 日 　　　星期一 　　　晴

这一周我都在查看班级区域的材料投放。周一周二连续两天全园观摩中一班和中二班区域现场，周四陪同王兰老师查看中、大班 5 个班区域游戏现场，周五下午和王远航、李莹一起常规检查全园 7 个班区域的材料投放。一周看下来，喜忧参半。忧的是全园整体情况不尽如人意，喜的是班班都是潜力股，蕴藏着极大的提升空间。

常常有来园参观的领导和老师问我："你们幼儿园的特色是不是竹文化?"但事实上，我从未将竹文化定义为我们幼儿园的特色。竹文化，仅仅是我园最大化利用当地竹资源的体现，而不能称为幼儿园的特色。如果非要说出我们幼儿园一个特色的话，那非教研莫属了。

2017 年 9 月，我们将园本教研确定为教师专业成长最有效的方式并持之以恒地开展园本教研活动。两年多来，我们的园本教研已经从 2017 年 9 月的 1.0 版"定底线"，进步到 2019 年 2 月的 2.0 版"保质量"，再到 3.0 版"再反思"，这是我们的五年行动计划。我能深切地体会到，开展园本教研两年多来，高频次、广覆盖、持续浸入式教研让老师们又爱又恨。能让我们坚持在这条路上走下去的动力，是全园一日保教质量由量变引发的质变，是教师队伍整体显性和隐性的专业成长，是幼儿园更加经得起看、更加有内容可看的底气!

一日活动观摩、区域研讨、观察分享、读书分享、主题审议、袁幼故事会、青年教师公开课，这些园本教研初期的"菜单"已逐渐整合，并逐步聚焦一日活动的现场。区域游戏也自然而然地融入一日活动观摩之中，成为观摩的一个环节，本学期初定游戏环节只看中班 3 个班，原因有三：第一，我们认为区域建设是一个循序渐进的过程，不可与主题活动开展割裂开来。第二，课程游戏化实施五年来，我们的教师在区域游戏方面有正确的游戏理念和扎实的组织能力，可是，这一周细细看下来，我觉得有必要在游戏这个环节"停一停"。

江苏省教科院何锋博士来园参加园本教研

南京师范大学王海英教授（右二）来园指导

一日活动观摩

与后白镇中心幼儿园联合教研

这两天我在思考，影响区域游戏质量的因素到底有哪些呢？我总结应有三点：

第一，材料的投放。

第二，教师的介入。

第三，孩子的已有经验和兴趣。

今天，我想着重与大家谈其中一点，也是最重要的一点：材料的投放。

请大家和我一起反思下面几个问题：

1. 材料投放是否充足？

主题计划中的区域设置能否承载完成主题目标？周活动方案是否有效分解完成了主题目标的达成？是否能够根据周方案提供种类数量充足的材料？

以中二班为例，班级计划和方案如表所示。

区域	主题计划	周方案（6-2）	本周实际投放材料
美工区	1. 户外写生：写生园内的植物（秋景） 2. 捡拾落叶制作渐变树叶标签 3. 室内绘画：菊花、虾等动植物 4. 创意手工：收集板栗壳、棉花壳、玉米皮、玉米棒、落叶，进行拼贴画、拼接动物等，收集厨房残余的蔬菜根部进行拓印 5. 临摹大师画	1. 绘画：虾、青蛙（目标3） 2. 树叶标签（目标2）	树叶一筐（未见与虾、青蛙相关材料）

区域	主题计划	周方案（6-2）	本周实际投放材料
建构区	建构七个阶段	小螃蟹	未见邀请物，未见相关作品痕迹
发现区	1. 动物分类（飞行、水生、陆地） 2. 玩水桌 3. 饲养小动物 4. 配对游戏 5. 蔬菜切切乐	制作色卡（目标4）	树叶一筐（无人参与游戏）
阅读区	1. 动物绘本 2. 秋天的绘本 3. 农作物 4. 照片里的故事	《树真好》（目标2）	未见《树真好》绘本
益智区	1. 动物拼图 2. 蛋蛋浮起来 3. 棋类游戏	夹夹乐（主题计划外）	筷子、黄豆、蚕豆等（幼儿不感兴趣）
角色区	1. 菜场 2. 超市 3. 健康监督师（针对秋天的干燥提醒幼儿多喝水）	超市（目标2）	未见邀请物

从表中明显看出主题计划较为丰富，但周方案略显单薄，再到实际投放材料已严重不足了。表格是我周二在中二班一个班观摩现场做的粗略统计（可能统计有所遗漏），就可以理解在现场看到的孩子们为什么会出现不能持久专注、严重串区，甚至无所事事的状态了。如果将7个班全部统计一下，情况又是怎么样呢？这样的情况只是个别现象，还是普遍存在呢？我们应该对此警醒。

2. 材料是否越多越好？

树叶作为秋季最有季节性代表性、收集最便利的材料之一，我们几乎在每个班都能看到整筐整筐的树叶。且不说这些树叶是否可用（有些树叶甚至是去年遗留的），只问这样凌乱无序的呈现，让孩子要如何选择才能完成区域目标呢？如果我们想要孩子观察树叶的叶脉，只提供2~3片树叶、1个放大镜、1支笔和1张白纸，是否会更利于孩子观察记录？2016年我在加拿大访学期间，看到一家幼儿园用镜框装裱三种颜色的树叶，对应摆放透明塑料杯，让孩子观察不同树叶腐烂后的颜色变化。还有用分隔木盘摆放的彩珠，让孩子探索不同形状的线条。这些材料数量不多，简洁明了。受此启发，我提出了材料提供的"够用原则"，少了不够用，太多会成为干扰，不多不少、恰到好处的材料提供才是最适宜的。当然，这需要教师的用心，更需要教师的专业智慧。

加拿大幼儿园室内环境

3. 材料是否有吸引力？

当我看到老师们把园内的植物打印成图片，把孩子分类的动物打印成图片，把认识剖面的蔬菜水果统统打印成图片的时候，我有些后悔：给年级组配备打印机实在是步入了误区！试问哪个孩子喜欢去反复摆弄几张图片呢？这样的材料对孩子来说是间接经验，其效果要远远低于观察、接触实物获得的直接经验。老师不应忽略孩子的认知特点：直接感知、具体操作、亲身经历。美景就在园子里，要写生，为什么不带孩子去户外呢？幼儿园难以提供实体动物，但能提供立体的动物玩具。蔬菜水果更不用多说，只要愿意去收集便可以得到。因为打印机呼啦啦可以把想要的所有东西都打印出来，便助长了老师的"惰性"。所以，我又提出了一个原则就是"实物优先原则"，所有材料尽量接近真实，实物第一，模型次之，图片最后。

4. 我们能否赋予材料更多的价值？

仍然以树叶为例。我们在小中大所有班级看到的树叶，几乎都是用来制作粘贴画。小中大班幼儿的年龄特点如何体现？树叶能带给孩子的价值只有艺术表征吗？树叶的颜色、树叶的形状、叶与树的关系、叶与叶的异同、灯光下的树叶、叶的枯萎过程、叶子的生长，还有关于树叶的绘本、树叶的诗、叶子的歌、叶子博物馆，用叶子制作的地毯、叶子的游戏……打开思路，同样的材料可以给幼儿提供更多的学习可能。有创造力的教师才能培养出有创造力的孩子。暂且把这一点归纳为"功能最大化原则"吧！

下一个阶段，我们需要在材料投放上下大力气。我始终认为，个例是个人问题，共性是管理问题。全园游戏质量的提升离不开科学有力的管理。所以，材料投放工作不仅仅是班级教师的事，更是行政管理的事。接下来，我会与保教处人员共同做好以下几点。第一，建议延长观摩区域教研时间。现场观摩游戏环节原定三个班，现在看需要延长时间，逐个班级过关。第二，常规检查与教研同步，近阶段重点关注材料的提供与游戏现场指导。第三，将材料的检查列为常规工作，每周五下午对照周活动方案完成检查，并及时反馈。第四，相信读书的力量。结合《幼儿园创造性课程》和《0—8岁儿童学习环境创设》两本书，结合我们的主题，结合我们的园本资源，整合所有学习资源，化为游戏的力量。

园长示范课

袁幼故事会

游戏是孩子的天性，是他们学习的方式，也是目的。游戏，是幼儿教师要用一生去研究的课题。区域游戏是幼儿园重要的学习形式，我们的区域游戏建设，需要走走停停、走走想想，走走再回头看一看，这条路任重而道远！

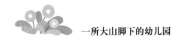
❋ 疫情后开学第一天

2020 年 4 月 20 日　　星期一　　晴

结束了一个超长寒假，今天大班孩子终于开学了！

我起来个大早，七点就到了办公室。先在园区里里外外巡视两圈，直到孩子们开始入园。

七点半，大门口已经来了十几个孩子，值班人员也提前戴好口罩和手套准备就绪，分两组给每个孩子测体温。张雨瑄是第一个完成测温进入幼儿园的孩子，她戴着口罩，手里拎着干湿纸巾、拖鞋、保温杯等，顺利地独自进入幼儿园，表情从容。因为新冠疫情期间幼儿园实行封闭式管理，所有家长一律不得进入园内。尽管三个多月没来幼儿园，但所有大班孩子都非常出色地完成了独立进园进班，和我们预料的一样没有任何问题。

新冠疫情后开学第一天

本届大班有两个班，共 55 个孩子，今日入园 41 人。根据教育局的要求，班级人数超过 18 人要分为 AB 班，我们根据提前分好的名单把两个大班分为四个班，即大一 A 班 10 人、大一 B 班 10 人、大二 A 班 11 人、大二 B 班 10 人。原来活动室内每张桌子坐 6 人，现减少成每张桌子坐 2 人，保证两个孩子座位相距 1 米。点心、午餐、午睡、如厕等环节井然有序，没有出现扎堆和聚集情况，老师们组织得力，为孩子提供了一个相对安全的室内环境。到了户外，孩子便可脱掉口罩尽情玩耍，小中班还未入园，开阔的户外场地专属今天的 41 个孩子，他们自然是玩得非常开心。

今天，我进大二 A 班听了尹楠老师的开学第一课。尹楠是我们幼儿园非常出色的年轻教师，活泼、有灵气，会思考又有智慧。尹楠用了一个生活化的问题引出话题："这个寒假有八十多天，你是怎么度过的？"很多孩子说"不出门"，她追问："为什么不能出门？"孩子们便打开了话匣子，谈起。当尹楠和孩子们讲到体温时，发现所有孩子都不了解人体的正常体温，他们还没有这方面的生活经验。尹楠机智地拿出班上的额温枪给孩子们现场测温，并在黑板上记录下每个孩子的体温，孩子们对自己的体温表现出浓厚的兴趣。

孩子们的表现让我忽然想到前几天和行政同事讨论无果的一个问题：入园测温时，体温记录是现场由值班人员来记，还是写在便签上给孩子，让孩子带回班请老师记？现在我的答案一定是写在便签上更好，因为这样孩子也能看到自己每天的体温数字。一瞬间，我的脑海里又生成了一系列问题：关于体温，还有哪些孩子可能感兴趣又值得去讨论的话题呢？

例如，同一个人在一天中不同时段体温一样吗？

身体的不同部位，如腋下、口腔、额头、手腕、耳朵、肛门，测出的体温都一样吗？

根据每天体温变化，孩子们可以尝试绘制出体温曲线图吗？

我们幼儿园一共有哪几种测温工具？孩子们知道这些工具怎么使用吗？

除了测温工具，还有哪些测温方法？例如摸额头、头靠头也可以判断体温是否正常。

让孩子们回忆一下小时候有没有发过烧，发烧时最高体温多少摄氏度？发烧时有什么感觉？

感染病毒的人会发烧咳嗽，那么如果我们班有人发烧咳嗽，一定是感染了新型冠状病毒吗？

……

当然，这些仅仅是我的预设，孩子们是否真的对这些话题感兴趣，是否愿意去猜想、操作、验证，最终还要取决于他们。

一个好的课程故事也需要天时地利人和。新冠疫情背景之下，关于体温的讨论也许会成为一次生动好玩的课程探索之旅。除了体温，"武汉"

"口罩""病毒""逆行者"这些关键词是否可以成为独特的教育资源为我们所用。假如20年后，这些孩子聚在一起，会对今天发生的一切谈论些什么？他们现在正在接受的学前教育是否会对他们的未来起到一丝丝的影响呢？

午餐前，我在大一A班听到一个孩子问袁老师去哪里了。孩子问的是袁宏凤老师。袁老师三年前就到了退休年龄，又被幼儿园返聘，上学期带大一班。因为袁老师四月份升级当了奶奶，要在家里照顾小宝宝，不得不离开幼儿园了。新冠疫情后开学第一天，我们所有管理人员，包括班级教师、保育员，都把所有精力放在疫情防控上，而疏忽了应该告诉孩子们现在由朱珠老师接替袁老师带大一班小朋友这件"小事"。其实，对孩子来说，班上换了一位老师可真是一件"大事"。无论我们如何努力地去走进儿童的心，却总是很难做到和孩子的心零距离，但是，这依然无法阻挡我们努力去走进孩子的心。如何更好地把握合理预设和追随儿童的关系，是对当下幼儿教师最大的考验。我最近读了仓桥物三先生的《育儿之心》这本书，其中一个片段让我非常有感触，分享给大家，希望对大家有所启发。

在走廊上

孩子哭了，老师为他擦去泪水，对他说不要哭，问他为什么哭说他是个胆小鬼……老师做了很多事情，但有一件事情没有做，那就是和孩子一块儿感受他当时止不住要哭的心情。

今年的"六一"不一样

2020 年 6 月 1 日　　　星期一　　　晴

今年的"六一"，因为疫情家长不能入园，我们将传统的家长参与的全园性庆祝活动，调整为以年级组为单位开展，意想不到的是让孩子收获了更多的喜悦。

我们提前两周召开了班主任议事会，重点讨论今年"六一"怎么过。在议事会上，全体班主任和保教处人员现场讨论，初步将今年的"六一"确定为"三个保证"。

第一，保证人人有节目。过节一定要有仪式感，在六一儿童节，孩子们展示才艺是不可少的环节。小中大年级组达成共识，各自以年级组为单位开展联欢活动，为孩子搭建一个展示的平台。

第二，保证人人有礼物。就像生日能收到礼物一样，孩子们如果能在属于他们自己的节日收到一份礼物，而且是可以保存的、有意义的礼物，这个儿童节才更完美。

第三，保证人人有作品。今年的"六一"儿童节同时也是我们幼儿园第三届艺术节。艺术的核心是感受美、表现美、创造美，今年，我们要用孩子的作品点亮班级的艺术区。从这个艺术节开始，我们的美工区也正式更名为"艺术区"啦。

议事会之后，老师们就开始着手做各项准备。

首先，孩子们的节目不是由老师指定的，而是由孩子与孩子、孩子与家长商量决定的，真正做到了尊重幼儿。

其次，关于礼物，每个年级组都向家长发出了倡议书，大班倡议家长给孩子准备一张书桌，在家中设置一个相对独立安静的学习区域，这也是为幼小衔接做好准备。小班和中班倡议家长送孩子一本绘本。买书，永远是世界上性价比最高的消费。

最后，各班在艺术区花费的时间和精力是最多的。中班年级组率先尝试调整布局，将桌面挪出来，去掉半围合的玩具柜。真是思路决定出路，这样一动，艺术区豁然开朗，更加开放，便于幼儿操作。腾出来的墙面也得到了很好的利用，作品展示空间大大增加且更加完整。区域内增设小景，桌面摆上时令鲜花，艺术氛围浓厚。小班和大班年级组毫不落后，两周下来，作品数量和质量蹭蹭提升，利用树皮、树枝、贝壳等自然物品制作的手工作品，用花瓣、树叶装饰的窗户……都让人感到惊喜和赞叹！

这个艺术节，每一件作品都得到尊重，每一种材料都有效得到利用，每一个细节都充满艺术！

这个艺术节，不仅"点亮"了班级艺术区，更是"闪亮"了我们的双眼！

这个艺术节，我的最大感受是我们的老师们了不起！

盼望着，盼望着，孩子们盼望的"六一"终于到了。上午的主题是联欢，下午的主题是参观。

我的"六一"我做主

上午的联欢活动，大班年级组顺利抢占最佳场地多功能室，中班年级组也寻找到了最佳户外舞台——"错亭"，小班年级组人少，就围坐在小班教室里，气氛温馨。三个年级组基本在相同时段开展联欢，尽管我不停跑场，也不能完整地看到孩子们的表演，甚是遗憾。但是，每到一处，我都被孩子快乐的情绪感染。因为所有的节目都是孩子自编自导自演的，舞台真正属于孩子们自己。值得表扬的是，大班组为联欢活动做了充足的准备，提前用气球布置了场地，提前走台熟悉场地、为现场制作了唯美背景、节目和游戏穿插安排，还提前一天在班级群内发出了详细的通知安排，让家长全力配合。整个联欢现场堪称一个迷你版的"最美袁幼人"颁奖盛典。

中班组的"水枪大战"乐翻了操场,成为幼儿园历史上最"嗨"的庆祝方式,也必定将成为孩子们难忘的幼儿园记忆。我们的几位拍照"小能手"也成功抓拍到许多张高水平照片,幼儿园经典照片又增加了不少。小班年级组的活动主题是"和宝贝躲猫猫",具体的玩法是每个幼儿拿着寻宝图寻找宝贝。这是一次熟悉幼儿园室内外场地的好机会,可以培养他们的观察力和方位感,小班的老师们可谓用心良苦。

水枪大战

我们的舞台

下午的参观艺术区活动，我因去镇政府申请经费没能参加。回园后听王远航反馈，孩子们非常欢喜这个活动。他们对班级提供的材料格外感兴趣，原来在孩子心中，有什么材料才是最关键的。如果时间允许，老师还可向孩子介绍优秀作品，激发孩子的创作灵感。老师们在参观的过程中对"我最喜爱的艺术区"进行了投票。接下来，我们会安排时间专门进行关于艺术区的研讨，让好经验在全园推广。

小小观众席地而坐

今天的活动结束了，有个孩子问："老师，什么时候再过儿童节？"我们想告诉孩子们：下一个儿童节，要等 365 天。但是，有美好的童年，孩子们每天都在过节。在此，真诚地祝愿袁幼所有教职工、所有孩子、所有家长童心永存，一切皆甜。

🌸 随记

2020 年 10 月 16 日　　　星期五　　　晴

日记一直在大家手里"漂流"着，直到"漂"到我这里，我才一篇一篇细细去读。每一次读大家的漂流日记，总会不经意间泪湿眼眶，总有一些句子、总有一些看似不起眼的小事，会触动我心底最柔软的那根弦。每一次酣畅淋漓地读完整整一轮，都好比与每个人进行了一次心灵的对话。看大家所记、听大家所述、悟大家所思，也就倍加珍爱袁幼这个温暖的大家庭，倍加珍惜与大家相处的每一天，倍加感受到漂流日记的珍贵！

不知不觉已经在袁幼工作 14 个年头了。14 年中，多少老师进进出出，分来、调走、招聘进、离职出、退休……犹如这世间的流水。大家常说"铁打的营盘流水的兵"，而我却感慨是"铁打的园长流水的兵"。我祈盼能与园史墙上那 11 位不忘初心勤恳工作 30 年的老教师一起，成为第 12 位。要说本学期的人事变动，可谓 14 年之最了。王远航被提拔到春城幼儿园做园长，是今年全市获得提拔的唯——位—把手园长；王忠芬调入任副园长，成为我的好搭档；刚刚大学毕业的应届优秀定向委培师范生孙沁带着憧憬，选岗来到我们幼儿园；尹楠工作满三年，调入白兔镇中心幼儿园，朱珠进城，郭翠成功应聘到家门口的幼儿园，华娣和王为萍老师重回袁幼，返聘教师和临时用工全部继续聘用。开学初，幼儿园还多了两个孕妈——我和胡畔。一切都如愿，一切都是最好的安排！

今天比较重要的事是观摩了中二班区域及午餐环节，昨天观摩的是中一班同样的环节。今天中午集中进行了两次观摩研讨。研讨的现场比观摩的现场更有深度。老师们谈到了美工区幼儿技能学习问题、发现区材料投放问题、阅读区幼儿阅读兴趣培养问题和疫情背景下自主进餐管理问题。大家谈得面广而且深入，谢燕、李莹、吴雪等教师的发言都很有质量。"人人做、人人思、人人写、人人说"的袁幼教研精神已深入每位教师的骨髓，并在每一次教研活动中发挥得淋漓尽致。教研的现场总是让我很享受。不过，总体看来，自 2017 年 9 月起，我们的园本教研开始走进现场进行连续性浸入式观察以来，班级一日保教管理较以往有了很大提升，但相对于区域建设这个专项，游戏内容的选择、教师指导水平、材料投放适宜性、资源利用率仍停留在几年前的水平。区域建设迫切需要专项深度研讨！

中午，在我们教研的同时，后勤处检查了各班午睡情况，结果很不乐观。全园7个班，有4个班共20个孩子的被絮是空的，其中有一个班级整整一半的孩子午睡盖的被子被絮都空了。就在这学期开学初，一位家长在我的办公室指着我的鼻梁质问我，为什么他的女儿一来上幼儿园就生病，每次生病都要折腾去南京看医生，老师就不能把孩子带好吗？尽管当时我极力辩解，但我现在没有了解释的底气，真切地理解了家长的心情。今天已明显降温，最低温度只有11摄氏度，一整天我的手都是冰凉的，中午研讨时很多老师都冻得打哆嗦。看到群里公布的检查结果，我第一时间去那4个班级摸孩子的被窝，有被絮的被窝暖烘烘，空被絮的被窝基本没什么热气。有的班级老师说家长不配合不带来，有的说孩子睡觉不冷，但这些理由都不能改变孩子有可能着凉的事实。入秋以来各班级出勤率明显下降，在班上听着孩子的咳嗽声，我更担心今天感冒的孩子又会增加几个，心中十分恼火，更多的是愧疚。

幼儿园工作的重点到底是什么？我们把更多的精力放在课程建设、园本教研、文化特色内涵提升、接待开放上，我们每天那么忙，去填写永远填不完的表格、去开会、去研讨、去搞环境……做了那么多"重要"的事，到最后却连孩子在园吃喝拉撒睡这些最基本的生活方面的照顾都难以保证，是不是应该深刻反思呢？

幼儿园工作的宗旨是保教结合，保育和教育同等重要，甚至在很多时候保育比教育更重要。在一个班级中，保育员和教师的配合尤为重要，总的原则是教师以教育为主，保育做好后勤保障。所以，保育员不仅仅是保洁员，更需要一双慧眼，在班级管理上做好孩子的生活保障，做教师的助手。教师要在教育教学的同时统筹安排好班级工作，合理分工，与保育员经常沟通，做到保教工作不分家。今天观摩时大家讲到的建构区帽子问题，日常所有人都看出帽绳严重干扰了孩子的游戏，却无人问津，其根本原因也是保教配合出了问题。

下一周即将进入霜降节气，深秋季节气温变化更大，对幼儿园秋冬季幼儿生活管理和保健工作带来了考验。饭菜保温、午睡睡前睡中起床管理、户外活动运动量与衣物增减、体弱儿照顾、饮水量的保证等，都成为幼儿园管理的重点和班级保教的重点。

我们的细心或疏忽与孩子的健康息息相关。不管多忙，照顾好每一个孩子才是最重要的工作！

最乡村、最本真、最幸福

2020 年 12 月 8 日　　　星期二　　　晴

随着城镇化建设的推进，越来越多的老百姓都进城买房，孩子也都进城上学，在农村学校就读的孩子越来越少。我们幼儿园也从历史最多人数近 300 人逐年减少，本学期只有 169 名幼儿。这样的规模不仅在天王镇是最小，在全市也是偏小的。再加上袁巷地处句容最南端，离市区路途遥远，较为偏僻，教师不愿来，来了也难以留住。像我们这样的农村幼儿园，政府投入了大量资金来建设，解决了"房子"的问题，教育主管部门又从教师配备和项目上给予我们最大的照顾，解决了"人"和"钱"的问题。那么作为园长的我，又该做些什么。在即将要结束的 2020 年，我做得最多的是三件事：一是"抓教师"；二是"建课程"；三是"育家长"。

先说说第一件事："抓教师"。

师德永远大于师能，所以抓教师首先抓师德。我们以行知思想为抓手，开展师德演讲、师德先进评选等活动，激励教师学习中国最伟大的教育家陶行知先生"捧着一颗心来，不带半根草去"的奉献精神和"爱满天下"的大爱精神，2019 年成功挂牌"镇江市陶行知实验学校"。2017 年起，我们已连续开展三届"最美袁幼人"评选活动，让师德落地在每一位教职工的行动中。教师节期间，我们连续十天公众号推送"最美袁幼人"事迹，在园内营造了赶学比超的氛围，也向社会传递了正能量。

抓教师的重点是抓师能。我园教师年龄结构两极分化，年轻教师多为工作 1~3 年的新教师，幼儿园应当成为她们专业成长的沃土。我们通过请进来、走出去等方式打开教师的眼界，鼓励教师多读书，同时通过持续性、沉浸式的园本教研走进班级、走进现场观摩研讨，提升教师队伍整体的专业能力。一大批年轻教师迅速成长，本学年幼儿园新增 1 名镇江市教坛新秀获得者，1 名教师被评为镇江市师德先进个人，3 位新教师的游戏案例在教育部获奖，多人次在省级、镇江市级活动交流分享经验，1 名教师赴陕西蒲城支教，1 名年轻教师入党，1 名年轻教师成为预备党员。还有 1 名教师受聘参加省优质园评估验收和镇江市教师资格证面试考官，1 名教师被江苏第二师范学院聘为"实践导师"。当教师能在幼儿园这片土地汲取到营养实现自我成长时，幼儿园才能深深吸引她们安心在这里工作。

再说第二件事："建课程"。

课程是幼儿园质量的生命，是影响幼儿园办园水平的关键。幼儿园课程与中小学最大的区别就是幼儿园没有一套可以拿来就用能够完全参照的课程。对幼儿来讲，游戏是最基本的学习方式，一日生活皆课程，吃喝拉撒睡都是学习，一草一木、一虫一鸟都是重要的学习资源。袁巷处于农村地区，有着丰富的自然资源、社会资源和人力资源。我们以"山林课程"为建设内容成功申报了句容市园本课程建设园，带领幼儿走出幼儿园围墙，走进大自然，全年累计到瓦屋山、幼儿园周边等地出访 15 次，邀请科普作家郝夏宁、袁巷中学退休老师徐老师来园来访共计 4 次。让我们的孩子感受到万般皆神奇，长出一颗终其一生都无法被摧毁的惊奇之心。也正因为我们幼儿数量相对少，我们才有这样的条件进行回归自然、回归心灵的山林课程的探索。我们的山林课程赋予儿童好奇心、感受力和创造力，赋予教师观察力、生长力。教师和幼儿在课程中与自然共生共长。

最后说说第三件事："育家长"。

金杯银杯不如家长的口碑。这几年，我们幼儿园受到了从市长到省长乃至部长的慰问，承办过省级现场会、市级开放，接待过联合国儿童基金会、非洲学前教育考察团、天津、山东、广西、新疆等考察团近 4000 人次的参观考察，幼儿园取得了一点成绩，但对于我们来说，最珍贵的成绩还是来自家长的肯定。对于家长工作，我们扎实做好"五个一"：① 每学期召开一次年级组家长会；② 每个季度邀请家长参加一次园节活动（春季阅读节、夏季艺术节、秋季丰收节、冬季体育节）；③ 每个月举办一期"袁幼大讲堂"；④ 每周开一次不同范围的班级家长畅谈会；⑤ 每天利用入离园时间与家长进行一次交流。通过"五个一"，让家长们增进了对孩子学习、对教师工作及对幼儿园办园理念的认同，因为认同而理解、因为理解而信任。连续 5 年，袁幼的家长满意度在全市遥遥领先。幼儿园两个关于家长工作的课题分别在镇江市和江苏省立项。今年市里学校目标管理考核，我园成绩名列全市第六名，农村幼儿园第三名，这份荣誉的背后也凝聚了家长的力量。

22 年的教师生涯，让我感受到做教师是一份辛苦的工作，但也是一份无比幸福的工作。我和所有的袁幼人共同享受着每一天的辛苦和幸福！

2020，一切都是最好的安排；2021，祝愿我们更好！祝愿大家都好！

袁幼大讲堂第一期

袁幼大讲堂第二期

袁幼大讲堂第三期

袁幼大讲堂第四期

袁幼大讲堂第五期

袁幼大讲堂第六期

袁幼大讲堂第七期

袁幼大讲堂第八期（线上）

袁幼大讲堂第九期（线上）

袁幼大讲堂第十期

袁幼大讲堂第十一期

开学第一天

2021 年 9 月 1 日　　　星期三　　晴

新学期，新起点，休完产假的我也元气满满地回归了！

因为本学期班级调整，所有活动室集中到一楼和二楼，让所有人开学准备工作特别辛苦，在此向大家道一声：谢谢大家，辛苦了！

铁打的营盘流水的兵，每学年教职工都会变动。本学年，雪茹、芳芳、谢燕、陈慧敏 4 个好姑娘因为孩子进城上学，同时离开了幼儿园。因为班级数减少，我们不得不辞退了赵正兰老师。她们每个人都是带着不舍离开的。本学年新增 5 人：王忠芬的工作关系正式转入，腾宏飞去天王幼儿园跟岗结束回到我们园，蒋艳从丹阳市调入袁幼。同时，幼儿园新招录刘道雯和徐慧。

在此记录本学年教职工名单：周旻珊、孙沁、任明香、腾宏飞、刘道雯、姚莉、吴雨燕、王卫萍、江云、吴雪、王华娣、王金娣、陈紫嫣、徐慧、纪秀玲、胡畔、桂敏、何清兰。值得庆祝的是，戴金本学期将赴陕西支教，将在袁幼所得带到陕西，是继王朱珠之后的袁幼第二位支教人。新的袁幼队伍将传承袁幼精神，让袁幼更有朝气更有力量！

新的学年，我想为教师做一些实事。

教师队伍质量决定幼儿园质量。我园现有 6 个班，专任教师 12 人，基本都是年轻教师，帮助她们尽快成长发展是我的责任。接下来会采取如下一些措施：减小班额利于教师组织活动，通过师徒共进让新教师更快适应，继续通过园本教研加大研训力度帮助教师队伍整体提升，加强行政进班指导帮助教师解决实际问题，组织培训提高教师写作水平，丰富工会活动和教职工业余生活，通过"园长有约"关心了解教职工困难与需要，等等。

新的学年，我想为家长做一些实事。

家长是教师的伙伴，幼儿园工作一旦得到家长的支持，所有工作将事半功倍。具体措施如下：入离园期间为家长提供等待休息区、雨天为家长提供遮雨设施、全覆盖上门家访、为特别困难的家庭提供更多的照顾、定

期开展"袁幼大讲堂"、通过园长信箱了解家长需求等。

新的学年，我想为孩子做一些实事。

孩子是我们存在于幼儿园的全部意义，所有人的宗旨是为孩子服务。本学年小班新生只有35人，中班44人，大班49人，全园幼儿总计128人，平均班额21~33人，历史最低。孩子越少，保教质量应该越好。食堂的菜量减少了，口味应该更好，碗碟杯子应该洗得更干净；班级孩子少了，每个孩子应该被照顾得更好，保教人员精力应该更集中。孩子要更多地被表扬、被发现、被赏识、被关心，没有一个孩子会遭受体罚，没有一个孩子会无端哭泣，没有一个孩子会无人理会。

一根水管带来的快乐

发现竹架上的猕猴桃

新学年，对大家的期待：

（1）常怀大爱之心。如果一个老师有爱人之心，一定会是好老师。我们幼儿园就有好多充满爱心的老师。

（2）放慢工作节奏。慢下来才能看到最美的风景，孩子的成长也是缓慢的过程。如果老师总是被催促、被追赶，就看不到孩子的成长。作为园长，我会尽最大能力挡住无关紧要的杂事，让老师们用有限的工作时间做更有意义的事。

（3）专注做好每件事。专注是重要的学习品质，只有专注的老师才能培养专注的孩子。每次来人参观，孩子们专注的样子最动人，我们既要向孩子学习，又要成为孩子的榜样。

（4）温柔对待这个世界。温柔地对待身边的人、身边的物、身边的事。十几年的园长生涯中，我尽最大努力温柔对待每个兄弟姐妹，收获的是大家对我的理解、支持与爱护。新的一学年，希望我们幼儿园斥责孩子的声音少一点，孩子的哭声少一点。愿我们幼儿园的每个孩子都能够被温柔以待，这样他们三年的幼儿园生活才是最美好最难忘的。

记录今日小事二三件

2021 年 10 月 18 日　　星期一　　晴

寒露已过十天，这周六就到霜降节气了。这几天，天气骤冷，尤其早晚时分，像是已经到了冬天。寒冷的早晨，给我们袁幼人温暖的永远是幼儿园那一锅热腾腾的早餐。今天吃的是白米粥和煮鸡蛋。几分钟工夫，一大碗粥和一个鸡蛋另加两个蛋黄下肚，全身变得暖和起来，就可以撸起袖子干活了。在一碗粥的背后，是食堂人员提前一个多小时来园的辛苦。幼儿园提供早餐的六年来，食堂人员的辛苦换来了袁幼人的幸福。

早餐后，在副园长室看到了我们买的书已到货。这次买的书是《发展适宜性实践：学前教育活动的组织与评价》，这是上周省专家来句容调研时虞永平老师推荐的好书，共购买 7 本，每班 1 本，保教处 1 本。本书共有 8 章，内容涉及发展适宜性实践的教与学、小组活动、集体活动、空间规划与材料投放、儿童行为指导、评价、家庭参与等内容，真是干货满满，可以说每个内容对我们来说都是迫不及待需要学习的。虞老师在会上指出："不读书就不进步""让读书伴随整个共同体项目建设的全过程""要定期开展读书报告会"，真是说到了我们的心坎里！袁幼文化其中有一条就是"买书是世界上性价比最高的消费，读书是世界上性价比最高的学习"。是啊！教师不读书，怎样陪伴读书人成长？

真巧，上一周我用了两个下午的时间把松居直推荐的"全球 50 本经典好绘本"系列在幼儿园翻了出来，共找到 27 本（另外一些绘本已绝版或买不到）。读完这 27 本绘本，我最大的感受是：能称得上全球经典的书，果然名不虚传，每一本绘本的图文内容都是妙不可言。我最大的想法是：要让所有孩子在园三年期间都读完这些绘本！我坚信，这些优秀绘本可以影响孩子的一生！

上午巡园，查看了各班入园情况。7：50，6 个班 12 位教师已全部到岗，各班未出现在工作群提醒过的常规性问题。我们幼儿园的孩子来园很早，十几分钟时间，大部分孩子都到园了，遗憾的是大部分班级的入园活

动过于单一，基本又回到了全部在玩桌面玩具的状态。我们之前研讨入园的自主活动"孩子可以做的八件事"，在班级已经看不到了。在此回顾一下：

（1）同伴交流；

（2）照料自然角；

（3）自主游戏（幼儿可以进区域玩游戏）；

（4）自主阅读；

（5）书写活动；

（6）制订当天游戏计划；

（7）律动游戏；

（8）区域游戏材料准备。

今天看到三个孩子在哭。一个是中二班的泰宇，一个是小一班的诚诚，还有一个是小二班的轩轩。诚诚和轩轩属于入园适应期较长的一类幼儿，每天来园一哭已成为他们在园生活的一个环节，但与开学初相比已有很大好转了，老师稍稍安慰或玩玩具分散注意力就能安抚。泰宇是一个爱哭的小男生，不过上中班以来已经很少哭了，但是一旦遇到自己解决不了的小问题，还是哭。今天就是因为忘了带水杯又伤心地哭起来。我认为孩子在幼儿园哭并不全是坏事，千万不要看见孩子哭就去制止。有时候哭是他们情绪发泄的办法之一，有时候哭是发出信号提醒我们去关注他们的健康和安全。面对孩子的哭，我们应该寻找哭的原因，对于泰宇他们这样入园适应困难的孩子，则更需要教师的爱心、细心与耐心。

一个周末过去，绿道落满落叶。这学期，桂老师从教师岗位转到保育岗位，绿道正是她的保洁区。每天早晨，我在办公室都能听到绿道上大扫帚哗啦哗啦扫地的声音。等我从6个班巡园出来转到绿道，桂老师已经把绿道扫得干干净净，树叶堆了两大堆。江云负责的竹亭也扫干净了，她正把小车一辆辆推到旁边，细心清理小车下面的落叶。今天这么低的气温，两位保育员都干得脱掉了外套，只穿了一件单衣。这幅情景在我眼中就如一幅画那么美丽，这幅画中最美的就是那两个劳动着的身影！

走到传达室，刘师傅和袁师傅正在合作修电动门。电动门已使用8年，总是出现种种状况。如果不是大毛病的话，一般都是我们的保安师傅自己修理。今天，电动门的链条又出现问题了，开关门总是卡顿。刘师傅上街买来了润滑油，和袁师傅两人合作，一人扶着大门，一人将油一块块抹在链条上。用了好大一会儿工夫才将油抹完，大门又恢复了正常使用。大门口家长等待区的雨棚顶又破了，袁师傅建议再单买一块雨棚顶盖上去，我在网上搜索了一下，果然有单卖的雨棚顶，立马下单。袁师傅还建议请木匠做一个大圆盘放在支撑点上，增大受力面积，增加棚顶的牢固程度。幼儿园就像一个大家庭，每个人都是家庭的一分子，每个人都很尽心尽力想办法解决幼儿园出现的每个大小问题。我与大家的对话更像是家人间的商量与聊天，我很享受这种感觉。

在我心中，坚守在平凡岗位上的每一个袁幼人都如同家人，总是带给我一阵阵的温暖！

袁幼一角

🌸 2022，静下心来

2022 年 2 月 14 日　　星期一　　晴

新的一年、新学期、新起点、新征程！2022，崭新的开始！

本学期我们的孩子又减少了。班级数从 6 个班减少到 5 个班，在园幼儿从 127 人减少到 125 人，转走三个孩子：大二班郭婉莹、中二班仁泰宇、小一班姚远，从唐陵幼儿园转进一个孩子到大二班，名叫苏文瑾。本学期我们的教职工随着班级数的减少也随之减少，在合并小一班和小二班后，任明香、王金娣、纪秀玲、江云离开幼儿园，徐慧辞职专心备战考试，何老师成功升级为奶奶后，也辞职回家专门带孙女。本学期，幼儿园教职工 24 人，分别是：周旻珊、腾宏飞、刘道雯、吴雨燕、戴金、王卫萍、吴雪、王华娣、陈云娣、陈紫嫣、孙沁、姚丽、蒋艳、胡畔、桂敏、董道云、孙志芳、刘方宏、袁有田、王忠芬、姜精柏、李莹、曹盼、喻兴艳。

2022 北京冬奥会正在进行，到今天中国已取得 4 金 3 银 2 铜，位居奖牌榜第四名。短道混合接力队、谷爱凌、任子威、高亭宇已不仅仅是奥运金牌得主，更成为中国精神乃至奥运精神的代名词。2021 年 7 月，奥林匹克格言修改为：更快、更高、更强、更团结。如果与奥运精神的表达形式相呼应的话，我想袁幼精神应该是：更少、更小、更美好！孩子更少，幼儿园更小，而现在的规模恰恰是一所幼儿园最理想的状态。孩子们和老师们在幼儿园度过的每一天应该是美好的，即使孩子们离开了幼儿园，记忆也是美好的！

作为句容最南端的农村幼儿园，袁幼除了远，没啥其他大毛病。但是，远也有远的好处，远了没人打扰，我们可以安静地做我们想做的事，这是城区大规模幼儿园羡慕不来的。"静心"应当成为我们这学期的关键词，很多事情需要我们静心去做。

第一，我们要静下心来总结。山林课程探索三年了，我们在三年的过程中积累了珍贵的记忆和成果。山林课程系列丛书从上学期末开始策划准备，计划用两年的时间完成编写。

第二，我们要静下心来研究。游戏永远是幼儿园永恒的话题。户外游戏和室内区域游戏永远是幼儿园游戏的两个重头戏。本学期，我们计划尝试户外混龄游戏，以现在幼儿的规模采用混龄游戏，是最适宜的。125，不多也不少，正正好。如果把一个幼儿园比作一个大家庭的话，我们现在的五个班级就像一个大家庭的五个孩子，而125个小朋友就像是来自五个大家庭的孩子。我们的老师们不仅仅有义务管理本班的孩子，也有责任共同教育我们这个大家庭的所有孩子。本学期，特别需要大家有更大的格局和胸怀去关爱更多的孩子。一个月内，要求所有教职工记住全园125个孩子的名字，这是户外混龄的前提和保证。

　　第三，我们要静下心来教研。2017年起，我们开始了"教研强园"行动。竹子、竹文化不是我们幼儿园的特色，拥有一批专业化的教师队伍才是我们的特色。我永远坚信：园本教研是性价比最高且快速有效地整体提升教师队伍专业化水平的方式。本学期的园本教研重心将向主题审议倾斜，通过主题审议切实提高每个主题、每一周、每一天、每个环节的保教质量。在审议中计划、在审议中调整、在审议中反思。

　　第四，我们要静下心来适应。本学期人员调整范围较大。行政工作安排有变动：何老师辞职后，李莹接手何老师的工作，后勤安全工作责任重大，对李莹来说是一个全新的挑战，其他行政工作也随之微调。教师有变动：因为合并小班带来的教师调整也影响到其他几个班级，不得不学年中途换老师，孙沁从小班到大一班，戴金回园接手中一班。保育员也有变动：王卫萍和刘道雯从教师岗位调整到保育员岗位。食堂精减人员，陈云娣从食堂转岗到保育员，随之食堂两位大厨的工作量也有了变化。站在新的岗位上，相信我们每个人都可以很好地适应。

　　2022，静下心来，遇见更美好的自己，遇见更美好的我们！

洋溢在脸上的幸福

生命的意义

弗兰克尔说：生命的意义在每个人、每一天、每一刻都是不同的，所以重要的不是生命之意义的普遍性，而是在特定时刻每个人特殊的生命意义。于是，我在思考：我从出生到现在，不同阶段生命的意义是什么？

我是家中的第二个孩子。1981 年 10 月 22 日中午 11 点，我出生了。我的出生让父母多少有些失望，毕竟在农村，已经有了姐姐，父母当然希望我是个男孩。恰巧，我们村的一位知青生了两个男孩，便想把我要去做女儿。我的母亲试探性地与我父亲商量这件事，遭到了父亲的反对。父亲说："我的女儿，谁也不给！"很庆幸，我没有被父母嫌弃。听母亲说，父亲爱我比爱姐姐还更多一些。

那时，我的父亲是全村个头最高、长得最帅气的小伙。父亲平时非常严肃，吃饭时不允许我和姐姐说一句话，家里有好吃的东西也不允许随便拿，必须得到妈妈的同意。只要父亲瞪我一眼，我的眼泪就会在眼眶里打转。尽管如此，我还是能感受到父亲是极爱我的。每次去菜地，父亲都把我扛在脖子上，我胆小，父亲就拉住我的手，这是我能记得的唯一一个最清晰具体的动作了。一次在菜地，父亲拔了 3 个萝卜，问我和姐姐两人怎么分，我拿着萝卜数着姐姐 1 个、我 1 个……然后把剩下的一个直接吃掉。父亲笑着说：这个丫头不笨！那年我 3 岁。

我 7 岁那年，我的父亲在一场交通事故中意外去世，那年他只有 35 岁。对我们家来说，天塌了！我的父亲母亲感情很好，父亲的突然离去让母亲

215

根本不能接受。失去父亲的最初几天，母亲整天以泪洗面，身体虚弱得连床也下不了。很快，亲友们都回家了，家里只剩下我们母女三人。我的母亲哪里还有时间去悲伤？我和姐姐每天要早起上学，母亲必须早起给我们做早饭，做完早饭便开始一天的家务和农活。因为家里没有收入，每次交学费母亲只能四处去借，直到庄稼收获后卖了钱才能还债。生活与经济的压力没有压垮我的母亲，反而让她更加坚强得像超人一般。记忆中，妈妈只打过我一次。爸爸走后，妈妈身体越发不好，总是头晕。我和姐姐偷偷去田埂帮妈妈砍柴。我从没抓过刀，割破手是必然的。妈妈一边用布裹住我的伤口，一边打我屁股，一边骂着"好好念你的书就行了，谁让你去砍柴了"，我不敢哭出声，只是流泪，妈妈眼睛里也满是泪水。生命的意义就包含着苦难。按照意义疗法，我们可以用三种不同的方式发现生命的意义，其第三种就是在忍受不可避免的苦难时采取某种态度。尼采说："知道为什么而活的人，便能生存。"那个阶段，我的母亲不仅要活着，而且要坚强地活着。我和姐姐是她生存下去的最大意义。我的母亲用瘦弱的身躯承担起家庭的重任，是对我和姐姐最大的负责尽责。

父亲去世两年后，继父来到我们家。我的继父是一个了不起的人！他也是一个农民，因为家里穷，没有结婚，也没有孩子。来到我们家后，他对我和姐姐视如己出，给予我们无私的爱。继父的到来，我们家又变成了一个完整的家庭，继父也有了一个完整的家庭。村里有人背地里议论：现在这么苦把她们姐妹拉扯大，还不知道老了以后这姐妹俩是不是愿意养活他呢！继父听到这些话从不理会。母亲把这话告诉了我和姐姐。我很气愤，暗暗发誓：一定要好好读书，长大了挣很多钱来报答我的继父。很长一段时间，这是我奋发读书的最大动机。我和姐姐的这一生，继父永远是我们最大的恩人！永远永远也报答不完的恩人！

初中毕业后，我考取了师范学校，毕业后分配到袁巷中心小学工作，成为一名光荣的人民教师，同时也成为我们全家人的骄傲。在妈妈眼中，我永远是最优秀的教师。每每获奖，妈妈都高兴得如同我小时候拿了奖状一样。别人随随便便说一句"你姑娘很优秀啊"，妈妈能美上好几天。2016年5月15日的《镇江日报》报道了我，妈妈把这份报纸放在家里最安全的带锁的箱子里。村里大伯大妈叔叔婶婶们来家里玩，妈妈总是不厌其烦地拿出报纸，用极不标准的普通话读给他们听。有次我回家，村西头大婶来家里玩，妈妈又拿出报纸要读，我说："妈，别读了，那么长读完累不累啊!"大婶说："你妈不累，她早会背了。"母亲常叮嘱我要好好教书，要育人成才，不能误人子弟。我深知"学高为师，身正为范"，我的一言一行都会影响学生，肩负责任之重大，因此对工作丝毫不敢怠慢。在我的意识中，我就是一个重要的人，对学生成长至关重要的人，我的一言一行对学生都非常有意义。一直保持着这样的工作态度，使我成为一名还不错的教师。到衰幼担任园长后，从管好一个班到办好一所园，责任更加重大，我只有更加努力，才对得起肩负的这份责任。我的生命变得更加有意义。

我的姐姐，是世界上最好的姐姐。妈妈生我时，姐姐3岁，人家逗她说："妈妈爱妹妹，不爱你喽!"姐姐从不生气，每天围在摇床边，亲我；我长大点了，人家又逗她："妹妹比你漂亮。"姐还是不生气，仍然那么爱我。很小的时候，小叔每次进城都会带一包好吃的回来，姐总是跟着去他家，然后带一个苹果或一只香蕉给我。我问："姐，你吃了吗?"姐说："我在小叔家吃过了。"然后我就放心地吃起来，后来我才知道，每次都只有一个苹果或香蕉。刚上学时，一个大个子女生总欺负我，姐恶狠狠地把她从教室拉出来，一手叉腰一手指着她："你要再敢欺负我妹妹，我就对你不客气!"从此以后再也没人敢欺负我。中考那几天，夜里出奇的热，又停电，蚊子在帐子外嗡嗡叫。姐姐就坐在床头不停地帮我扇扇子，一只手酸了换另一只，另一只酸了又换这只。我咬着牙加油快点睡着，好让姐姐歇下来，也暗暗发誓一定要多考几分。姐姐就这样扇了三晚，后来成绩公布，我的分数高出师范录取分数线3分，可以说这3分是姐姐帮我扇来的。姐姐的第一份工作每月工资280元，她只留80元，另外200元给我当生活费，供养了我读师范整整三年。那三年，每个月回家时，姐姐从皮夹里抽出200块钱的动作我一辈子也忘不了。直到现在，和姐姐一起shopping（购物），我都难有付账的机会。我和姐姐高矮胖瘦差不多，所以姐衣柜的衣服我可以尽情挑选，只要我穿得比姐好看，姐必定会说："这件衣服买的时候我就不喜欢，正好你拿去穿吧。"30多年，我竟一直相信这话是真的。姐姐的都是我的，我的却不是姐姐的。当初姐姐想把我新买的一床被套带去单位用，不懂事的我没舍得给，让我一直后悔至今。还有一次，我正急着完成一份材料，姐姐来电话要我的身份证号码和一些信息，我有些不耐烦，问要这些做什么，姐说她买了一份保险，要填身故受益人信息，我问："怎么还填我啊?"姐说:"你是我妹妹啊!"我身体一僵,心里顿时像有一阵电流涌过,双眼热热的、湿湿的,原来我一直都是姐姐生命中如此重要的人!她对我的爱,早已超越了一个姐姐对妹妹的爱。

我的丈夫是一个不太会表达爱的人,结婚的前几年,我们总是因为一些小事争吵。但是,一件小事让我确定他其实是深爱我的。我们无意间谈到死亡这个话题,我问他:"我们老了谁先死好呢?"他不假思索回答:"当然是我先死。"很快,他又否定了这个答案,说:"还是你先死吧!"我有点纳闷。他接着说:"我先死,你一个人怎么活下去啊?你先死,然后我再跟着你死。"他讲这句话的时候很淡定,我的眼睛却湿润了。这大概是结婚18年以来从他嘴巴里讲出的最让我感动的话,尽管这不是什么甜言蜜语。

女儿15岁那年,我决定要生二胎。丈夫反对,理由是:有了二宝,就不能给女儿全部的爱了。女儿却极力赞同我,理由是:她的同学都有弟弟妹妹,只有她没有。我的理由是:为女儿在这个世界上创造一个亲人,这才是对女儿更好的爱。最后我和女儿胜利了。因为这个初衷,我还成功说服了我姐的一个朋友做出生二胎的决定。仅仅是因为有一次她顺路送我回家,看到我已怀孕数月便问我为什么要生,说生二胎多累啊,坚决不生二胎。只有5分钟不到的车程,我和她开玩笑说:我们做父母的能留给孩子最珍贵的东西不是财产,而是亲人!但是,要付出的代价就是我们现在必须要承受生二胎带来的苦和累。几天后,我姐姐告诉我这个朋友已经开始备孕。也许在她送我回头的路上,就已经做出这个重要的决定了吧。是不是在无意间,我成功地对这位朋友做了一次意义疗法呢?

我的儿子阿同于2021年4月12日9:05顺利诞生,剖宫产,7.1斤。生产当日孕期39周整,我虚41岁,丈夫42岁,女儿17岁。高龄产子,其中过程艰苦难以细说,与阿同一切相关之事之物我也是更加费心用心,取名更不例外。我将小儿取名为"同",寄托了五层寓意:

第一,天下大同,有我一同;

第二,做人当如"同"字,简简单单、堂堂正正;

第三,全家人有福同享,有难同当;

第四,爸爸妈妈对两个孩子永远是同样的爱与付出;

第五,姐弟同心,畅通(同)无阻!

现在我的阿同已经八个半月了,健康可爱;女儿读高二,学习进入关键时期。幼儿园经过几年的项目建设,刚刚迈入内涵发展的瓶颈期。年过四十的我精力已明显不如以前。这一年,我的生活达到了前所未有的充实和忙碌。时间永远不够用,事情永远做不完,瞌睡永远睡不够。尽管如此,我却感受到生命前所未有的有意义。为人母、为人妻、为人女、为人媳,更为幼儿园的园长,我认为我是这个世界上不可缺少的人。每个人都有自己独特的使命,现在的我,肩负很多的使命。我必须健康;必须有好心态;必须努力生活和工作;必须优秀,为我的孩子们和同事们做榜样;最重要的是,我必须长寿,因为我的孩子还太小,我必须把他养育成人。这就是我,无可替代的我,无比重要的我。

这,就是我生命的意义!

(写于 2022 年 1 月 3 日)

我的母亲

我的父亲

我和姐姐小时候

"畅通(同)无阻"的一家